MW01710028

Vengeances

Données de catalogage avant publication (Canada)

Chabin, Laurent, 1957-
Vengeances
(Collection Atout ; 58. Policier)
Pour les jeunes de 12 ans et plus.
ISBN 2-89428-536-1

I. Titre. II. Collection : Atout ; 58. III. Collection : Atout. Policier.

PS8555.H17V46 2001 jC843'.54 C2001-940721-1
PS9555.H17V46 2001
PZ23.C42Ve 2001

Les Éditions Hurtubise HMH bénéficient du soutien financier des institutions suivantes pour leurs activités d'édition :

- Conseil des Arts du Canada ;
- Gouvernement du Canada par l'entremise du Programme d'aide au développement de l'industrie de l'édition (PADIÉ) ;
- Société de développement des entreprises culturelles au Québec (SODEC) ;
- Gouvernement du Québec par l'entremise du programme de crédit d'impôt pour l'édition de livres.

Éditrice jeunesse : **Édith Madore**
Conception graphique : **Nicole Morisset**
Illustration de la couverture : **Stéphane Poulin**
Mise en page : **Lucie Coulombe**

Téléphone : (514) 523-1523 • Télécopieur : (514) 523-9969
www.hurtubisehmh.com

Distribution en France
Librairie du Québec/DEQ
Téléphone : 01 43 54 49 02 • Télécopieur : 01 43 54 39 15
Courriel : liquebec@noos.fr

Dépôt légal/3e trimestre 2001
Bibliothèque nationale du Canada
Bibliothèque nationale du Québec

Imprimé au Canada

Laurent Chabin

Vengeances

Collection **ATOUT**

Laurent Chabin a choisi de s'installer en Alberta au pied des montagnes Rocheuses. C'est là qu'il s'est mis à écrire de façon professionnelle en commençant… par des contes de fées ! « Je n'avais jamais pensé à écrire des romans policiers », dit-il, « jusqu'à ce que les éditions Hurtubise HMH m'en demandent un ! Maintenant, je suis mordu, je ne peux plus m'arrêter ! Quand un ou plusieurs personnages m'intéressent, j'aime les reprendre dans un autre livre, même s'il ne s'agit pas vraiment d'une suite. »

C'est ce que Laurent a fait dans *Vengeances*, où l'on retrouve Louis Ferdine, en compagnie de nouveaux personnages.

Laurent a reçu la mention honorable au prix Champlain 1998 pour *L'Assassin impossible*, et il a été finaliste du prix Christie 1996. Ses livres figurent dans de nombreuses sélections en France (prix littéraire des Vosges 1998) et au Québec (palmarès de Communication Jeunesse).

1

AU PAYS NATAL

Ça y est ! Dix heures de vol ou plus, ballotté dans cette carcasse métallique au milieu des trous d'air. Je suis brisé. Les conditions de traversée de l'Atlantique n'ont donc pas changé depuis Jacques Cartier ?

Bon, d'accord, on va encore dire que j'exagère. Bien sûr que j'exagère ! Je suis écrivain, non ? Si je cessais d'exagérer, je cesserais aussi d'écrire des romans…

Alors, admettons : j'exagère. C'est mon métier. Louis Ferdine, exagérateur professionnel. Et ce n'est pas tout. Je râle, aussi. J'ai ça dans le sang, je suis un râleur-né.

Ça fait pourtant plus de trente ans que j'habite à Calgary, parmi des gens qui sourient du matin au soir dans une langue qui n'est pas la mienne — même quand on leur marche sur les pieds ! —, mais je n'ai jamais pu me défaire de ce défaut… Pour un oui ou pour un non, il faut que je râle, que je me plaigne, que je badigeonne tout en noir…

Enfin, m'y voilà, au pays natal. Calgary, Montréal, Paris. Paris, c'était mon avant-dernière étape. Ensuite, il m'a encore fallu prendre un train vers le sud. Direction, le Berry. C'est dans cette région du centre de la France que je suis né. Le pays des sorciers, dit-on. En fait, une vieille province déplumée, perdue, si ancienne qu'on dirait que tout le monde l'a oubliée…

Trente ans déjà. Trente ans que je n'avais pas remis les pieds ici. Ce n'est pas que j'en sois parti fâché, non. J'ai émigré de mon plein gré au Canada. Mais s'il est facile d'arriver jusqu'à Calgary, il est beaucoup plus difficile d'en sortir… Je suis allé quelques fois à Montréal, une fois à Vancouver, et puis c'est tout. Pourquoi voyager ? Pour voir du monde ? Merci bien…

Je me demande ce que je vais retrouver, après trente ans d'absence. Les gens que j'ai laissés avaient vingt ans, comme moi.

Maintenant, ils en auront cinquante. Comment seront-ils devenus ? Ventrus, essoufflés, de la graisse au coin des yeux ?

Entre autres, je pense à mon ami d'enfance, Jean-Philippe Comeau. Nous sommes allés à l'école ensemble. Peut-être n'a-t-il pas été étranger à ma vocation, d'ailleurs : il dévorait les romans policiers, il m'en parlait tout le temps. Et aujourd'hui, a-t-il lu mes livres ?

Ce coin de France d'où je viens ne m'a pas laissé une grande nostalgie ; une zone agricole assez plate, avec des rivières et des arbres, évidemment, mais si loin de la mer ou de la montagne…

Habitué au Canada, tout me semble petit, ici. Plus humain, par conséquent, mais l'humain n'est pas précisément ce que je recherche. Il y a toujours un voisin à proximité, une fenêtre, un œil…

Il n'y a pas de gare à Charost, mon village natal. Je suis donc descendu à l'arrêt le plus proche, à Issoudun, où mon frère Bernard doit m'attendre avec sa voiture pour me conduire chez lui.

Bernard n'est jamais venu au Canada. Ce n'est pas pour rien que, adolescent déjà, on l'appelait Bernard l'ermite. Il a toujours eu horreur des voyages. J'espère que je vais le reconnaître…

À vrai dire, j'appréhende un peu cette réunion familiale. Je ne connais plus grand monde, dans ma famille. Déjà, pour la naissance, le baptême, puis la première communion de Michèle, la fille unique de Bernard, je n'ai pas fait le déplacement, malgré son invitation. C'est loin, le Canada, surtout l'Ouest…

Et puis, à la mort de mes parents, il y a quelques années, à quelques mois d'intervalle à peine, je ne suis pas allé non plus à l'enterrement. J'en ai un peu honte. Ma paresse, mon manque d'intérêt pour les cérémonies… J'ai toujours fait mauvais genre, c'est vrai.

Mais cette année, je me suis rendu compte que je n'allais peut-être jamais remettre les pieds là où je suis né, que je finirais ma vie à Calgary comme un de ces fossiles qu'on déterre régulièrement dans les Badlands, simple trace entre deux strates de terre grisâtre. Alors, je me suis décidé à faire le voyage.

Nostalgie ? Peut-être. Je ne sais pas. Je ne veux pas me poser la question.

Une seule chose est certaine : j'ai enfin accepté l'invitation de mon frère et me voici donc, seul dans la nuit sur le quai de la gare d'Issoudun, ville où j'ai usé mes fonds de culotte sur les bancs de l'école secondaire, il y a bien longtemps…

Le train me masque encore les bâtiments de la gare. Je dois attendre qu'il reparte pour pouvoir traverser la voie et gagner la salle d'arrivée.

Onze heures du soir ! Avec les huit heures de décalage horaire, je ne sais plus où j'en suis. Je me sens fatigué, plus encore à l'idée qu'il me faudra parler et donner de mes nouvelles, pendant les douze kilomètres qui me séparent de Charost.

Michèle, que je n'ai jamais vue, sera-t-elle venue avec son père pour m'accueillir ? Quel âge peut-elle avoir, aujourd'hui ? Dix-huit ans, dix-neuf, si mes calculs sont bons. Qu'ai-je à dire à une gamine de cet âge ?…

Le train repart. Quand le dernier wagon s'est fondu dans la nuit, la gare se dévoile en face de moi, de l'autre côté des rails. Je n'y entrevois, à travers la paroi vitrée, que deux ou trois silhouettes désœuvrées.

Prenant ma valise, je traverse la voie ferrée. Dans la salle d'attente, je remarque un type planté droit sur ses jambes, un peu rond, le visage rouge, coiffé d'une casquette enfoncée sur les yeux. L'air agricole…

Lorsque je pénètre dans la gare, l'homme hésite un peu puis, brusquement, il écarte les bras et se précipite vers moi.

— Louis ! s'écrie-t-il d'une voix forte. J'ai bien failli ne pas te reconnaître !

Et le voici qui m'embrasse, en m'administrant de grandes tapes dans le dos. Je suis un peu gêné. J'ai perdu l'habitude de ces démonstrations tapageuses.

— Toi aussi, Bernard, tu as changé, dis-je sur un ton plus discret. Tu as engraissé, non ?

Et tandis que mon frère me conduit à l'extérieur, vers sa voiture, nous continuons d'échanger quelques banalités de ce style. Ce n'est que lorsque la conversation commence à languir, alors que nous roulons depuis un moment, que je demande :

— Et Michèle ? Comment va-t-elle ? Ce doit être une grande fille, maintenant.

Bernard, qui s'est montré si enjoué depuis mon arrivée, ne répond pas. Dans l'ombre, son profil semble s'être brusquement renfrogné. Est-ce un sujet tabou ? Dans les rares lettres que nous avons échangées au cours de ces dernières années, pourtant, mon frère n'a jamais eu que des éloges pour sa fille. Un peu gêné par ce silence inattendu, je reprends :

— Elle n'est pas malade, au moins ?

— Non, non, grommelle finalement mon frère. Enfin, oui. Je… je ne sais pas.

Bernard se tait de nouveau, et je n'ose plus reprendre la conversation. Après ce voyage, je n'avais guère envie de bavarder, je dois l'avouer, mais là, le silence pèse des tonnes. Mal à l'aise, je me racle la gorge, essaie sans succès de croiser les jambes, soupire…

La route défile dans l'étroit champ délimité par les phares. Tout autour, c'est la nuit. Je devine plus que je ne les vois les champs, qui ont été mon seul paysage durant ma scolarité. Je pense à la brève incursion que j'ai faite un jour en

Saskatchewan*... Sinistre... Les distances, toutefois, ne sont pas les mêmes ici qu'au Canada. Charost n'est plus très loin, maintenant.

— Michèle n'est pas malade, non, reprend alors mon frère d'une voix pâteuse et sourde, comme si la conversation ne s'était jamais arrêtée. Mais... il lui est arrivé quelque chose dernièrement. Quelque chose d'horrible... Et, disons... eh bien... elle ne se sent pas très en forme...

Le bredouillement lugubre de mon frère ne me dit rien de bon. Je n'ose pas poser de question. S'il avait voulu évoquer un viol répugnant dont sa fille aurait été victime, il n'aurait pas employé un autre ton...

Finalement, nous arrivons à Charost sans que, ni l'un ni l'autre, nous n'ayons desserré les dents. L'ambiance n'est pas à la joie.

Un peu à l'extérieur du village, près du parc, Bernard se gare devant la maison qui a été la nôtre durant notre enfance, et qu'il occupe avec sa femme et sa fille depuis la mort de nos parents.

* Voir *Sang d'encre*, collection Atout policier, n° 24.

J'aimais bien cette maison autrefois, parce qu'elle n'a pas de voisin en vis-à-vis : elle donne directement sur le parc du château — chaque village, par ici, a son château et son église, qui totalisent ensemble souvent plus d'un millénaire.

Mon père avait planté des arbres dans le jardin — sapins, pruniers, cerisiers —, qui avaient l'air ridiculement chétifs en regard des chênes et des châtaigniers du parc, immenses.

Nous sortons de la voiture. La nuit est tiède. La lune s'est levée et donne une lumière pâle. Je suis surpris par les arbres du jardin, qui me paraissent tout à coup gigantesques. C'est qu'ils ont trente ans de plus, eux aussi !

À part celle de la lune, aucune lumière. La maison semble endormie, morte… On ne nous attend donc pas ? Étrange. Toujours sans un mot, Bernard prend ma valise et se dirige vers la maison. Je lui emboîte le pas, morose. Je ne suis pas très démonstratif, je l'ai déjà dit, mais, comme retrouvailles, j'avais espéré mieux…

Bernard monte le court sentier qui mène à l'entrée principale. Soudain, à peine arrivé à la porte, il s'immobilise brusquement, pétrifié. Ma valise lui tombe des mains. Je me précipite.

Bouche ouverte, la lèvre tremblante et les yeux rivés au sol, mon frère semble complètement hypnotisé.

À mon tour, je regarde à ses pieds. Le seuil de la porte est souillé par une épaisse flaque sombre. C'est dégoûtant, d'accord, mais il n'y a pas de quoi en faire un drame. Que se passe-t-il, bon sang ?

J'entends alors un bruit dans la maison, une porte qui claque à l'intérieur, des pas… Presque aussitôt, une vive lumière inonde le porche. La porte s'ouvre et Marie, la femme de Bernard, apparaît dans l'encadrement, livide, l'air complètement bouleversée.

Marie ne dit pas un mot. De nouveau, je baisse mes yeux vers le sol. La tache humide, sur le ciment, n'est pas noire, mais rouge. Pas de doute possible : c'est du sang !

Alors mon frère semble enfin se réveiller. Écartant sa femme d'un bras, il se rue à l'intérieur en hurlant :

— Michèle ! Michèle !

2

UNE SOMBRE HISTOIRE

Marie s'est engouffrée dans la maison à la suite de son mari. Je reste seul sous le porche, les bras ballants, incapable de prendre une décision.

Entrer à mon tour ? Je ne sais pas ce qui se trame ici, mais je crois qu'une présence étrangère — et j'ai bien le sentiment d'être devenu un étranger dans mon propre pays ! — ne sera pas la bienvenue.

À mes pieds, ma valise gît sur le sol, baignant à demi dans cette flaque de sang d'où monte une odeur âcre qui me donne des haut-le-cœur. Bravo, le retour au pays natal ! Que faire ? Je ne peux pourtant pas repartir…

Finalement, avec l'entrain d'un condamné à mort qui doit franchir le dernier couloir, je ramasse ma valise et pénètre dans la maison.

L'entrée, une petite pièce carrelée, est vide. J'y dépose ma valise souillée et attends un instant. Je toussote un peu pour signaler ma présence. Pas de réponse.

Venant du salon, j'entends pourtant un bruit. Une longue plainte, des sanglots étouffés. Puis, soudain, un cri de rage :

— Ah, la charogne ! Ça ne se passera pas comme ça ! Elle va payer, l'ordure !

C'est mon frère. Jamais je ne l'ai entendu s'exprimer ainsi. Bernard a toujours été un modèle de courtoisie et de modération. Un bruit de chaises déplacées brutalement ponctue cette sortie et, presque aussitôt, la porte du salon s'ouvre en grand. Bernard apparaît, cramoisi.

— Ah, excuse-moi, Louis, je t'avais oublié. C'est atroce ! Maudite engeance ! Qui aurait cru ça ? Amies depuis des années, une crème de fille... Comment a-t-elle pu en arriver là ?...

Au fond du salon, assise droite comme un i sur le bord d'un sofa, une jeune femme maigre et blême, chaussée d'une énorme paire de lunettes aux verres épais, me dévisage avec des yeux ronds. Michèle ?

Non. Dans le dos de mon frère, j'aperçois enfin celle qui doit être ma nièce. Effondrée sur la table, le visage enfoui entre les bras, les épaules secouées par des sanglots, ce ne peut être qu'elle. Debout à ses côtés, Marie lui caresse doucement les cheveux, sans dire un mot.

Et, sur la table recouverte d'une grande nappe en plastique, un énorme chien est en train de dormir ! Je contemple cette scène insolite sans comprendre…

Marie lève la tête vers moi, puis elle regarde son mari. Bernard se contente de faire un signe de la tête. Marie prend alors doucement sa fille par les épaules, la fait se lever, et toutes les deux disparaissent dans le couloir sombre qui conduit vers les chambres. Je n'ai même pas vu le visage de ma nièce. Et le chien n'a pas bougé d'un poil.

Bernard se dirige vers la table.

— Aide-moi, dit-il simplement.

Il commence par relever les bords de la nappe pour en recouvrir le chien. Le cadavre du chien, je veux dire. Parce que je viens enfin de comprendre que ce chien ne dormait pas ! Je suis un peu lent, je sais…

Une fois le chien enveloppé dans son linceul plastifié, Bernard en empoigne une extrémité et m'engage, d'un geste, à faire de même.

Je suis dégoûté. J'ai toujours eu horreur des chiens et des cadavres. Alors, un cadavre de chien… Cependant, ce n'est pas le moment de discuter. J'agrippe tant bien que mal le répugnant fardeau et, cahin-caha, nous l'emportons à l'extérieur.

Le transport s'effectue maladroitement. En passant la porte d'entrée, je glisse dans la flaque de sang et manque de me casser la figure. L'idée de m'étaler sur ce chien encore tiède me donne envie de vomir…

Face à moi, le visage écarlate de mon frère, transpirant à grosses gouttes. Bernard ne me regarde pas. Il ahane, souffle comme un phoque, mais il ne prononce pas une parole. Je me contente de suivre le mouvement.

Nous contournons péniblement la maison, puis nous nous dirigeons vers un des coins du jardin, suant comme des bêtes. Je n'aurais jamais cru qu'un chien puisse peser aussi lourd…

Arrivé au fond du jardin, Bernard s'immobilise enfin. Derrière lui, brillant légèrement sous la lumière de la lune, une grosse pierre plate. Bernard me fait signe de déposer le chien. Puis il s'éloigne, me laissant seul avec ce cadavre.

Il revient quelques instants plus tard avec une bêche et entreprend de creuser un trou tout près de la grosse pierre. Je commence à en avoir assez de cette atmosphère funèbre…

— Écoute, Bernard, je me rends bien compte que tous ces événements t'ont mis en état de choc, mais j'aimerais bien que tu m'expliques, maintenant. Qu'est-ce qui se passe, ici ?

Mon frère plante sa bêche dans le sol, croise ses mains dessus comme pour se soutenir et me regarde enfin.

— Tu as raison, dit-il. Je suis assez perturbé, tu l'as dit, et je reconnais que la maisonnée n'est pas en état de t'accueillir comme il faut. Pourtant, j'admets que je te dois certaines explications.

Bouvard — c'est ce chien que je suis en train d'enterrer — était un des deux chiens de Michèle. Des bergers des

Pyrénées. Des grosses bêtes. Ça faisait plus de dix ans qu'elle les avait, ils étaient ses compagnons, ses frères presque.

Il y a trois jours, mercredi dernier, donc, en fin de journée, Pécuchet — l'autre chien — avait disparu. Michèle l'appelait sans succès, le sifflait, agitait sa gamelle devant la porte. Rien. Pas de Pécuchet en vue. Marie et moi, on essayait de la rassurer. « Il a dû sentir une chienne, on lui disait en plaisantant. Il sera parti en chasse… »

Mais Michèle n'était pas de cet avis. « Une chienne, à son âge ? disait-elle. Impossible, voyons. Il n'est plus jeune homme, Pécuchet. » Et puis Bouvard, lui, dans la maison, qui tournait en rond en gémissant. Ce n'était pas son habitude…

J'avais beau vouloir la réconforter, je savais bien que Michèle avait raison. Et je voyais déjà le pauvre Pécuchet, sur le bord de la route, écrasé par une voiture…

Alors, on est sortis tous les deux pour chercher le chien dans les environs. On avait pris Bouvard avec nous. On n'a pas eu besoin d'aller bien loin, tiens ! À peine dehors, Bouvard a détalé dans le parc, en face de la maison. Il faisait nuit, déjà, mais la lune était presque pleine, on y voyait bien.

On s'est mis à courir et on a rejoint Bouvard pas loin de là, au pied d'un châtaignier. Il était assis, le nez en l'air, hurlant à la mort. J'ai levé les yeux, moi aussi. Et ce que j'ai vu, je ne suis pas près de l'oublier, je peux te l'assurer ! Un spectacle affreux, immonde, inimaginable…

Bernard se tait brusquement. Deux grosses larmes perlent à ses yeux. Bien que j'en brûle d'envie, je n'ose pas le presser de continuer.

— Le chien, Louis, reprend-il enfin. Ce pauvre Pécuchet ! Pendu ! Pendu à l'arbre comme un vulgaire sac de patates ! Il était là, virant doucement au vent, au bout de sa corde, accroché par le cou !

Michèle a poussé un hurlement à me décoller les oreilles. Elle l'adorait, ce chien, tu comprends. Et cette horreur en face d'elle !…

Je l'ai ramenée à la maison en larmes, secouée de sanglots. Marie s'est occupée d'elle, je suis revenu détacher le chien et, dès le lendemain, je l'ai enterré ici même.

Là où Bouvard va le rejoindre… Égorgé, lui ! La sauvage !…

Je frissonne. Dans quel mauvais film est-ce que je viens de mettre les pieds ? La sauvage, vient-il de dire. La charogne, l'ordure, a-t-il proféré tout à l'heure. Qui ? Qui a pu s'amuser —amusement morbide s'il en est !— à sacrifier ainsi les deux chiens d'une jeune femme apparemment sans histoire ?

Le Berry passe pour le pays des sorciers, je sais. Une sombre histoire de sorcellerie, de « jiteux d'sorts », comme on dit ici ? En tout cas, il semble bien que la coupable soit connue, si j'en juge par les imprécations de mon frère. Une autre femme…

Bernard soupire et reprend l'excavation de sa fosse. Je n'ai plus le goût de l'interroger. Après tout, en quoi serais-je avancé de connaître le nom de la folle qui a massacré d'une façon aussi ignoble les chiens de ma nièce ? Je ne la connais probablement pas et je ne veux pas entrer dans ce genre d'intrigue.

Une demi-heure plus tard, l'infortuné Bouvard a rejoint son collègue Pécuchet sous la terre, et une deuxième dalle fait office de pierre tombale. Je me sens vidé. Nous rentrons.

De retour dans le salon, je m'affale sur le sofa qui occupe le mur du fond. Bernard, après s'être lavé les mains, est allé voir sa fille. Je me retrouve seul dans cette pièce où j'ai passé une bonne partie de mon enfance, et qui me paraît maintenant aussi lugubre qu'une chapelle funéraire.

Une bonne demi-heure s'écoule avant que Bernard ne revienne. Mais c'est à ce moment-là seulement que je me rends compte que la jeune femme qui se trouvait assise à ma place, lorsque je suis entré dans la pièce pour la première fois, a disparu.

Davantage pour dire quelque chose et rompre le silence pesant que par curiosité, je demande à mon frère qui était cette personne.

— Qui ça ? fait-il d'un ton étonné.

Puis, l'air de redescendre sur terre, il ajoute :

— Ah oui, Pascale. Une vieille amie de Michèle. Amie d'enfance. Elle a dû partir pendant que nous enterrions le chien. La discrétion incarnée, cette fille. Sa présence a certainement fait du bien à Michèle. Elle vient souvent ici, elle fait un peu partie de la famille.

— Oui, dis-je péniblement, complètement à court d'idées, n'aspirant au fond qu'à aller me coucher. Ça a du bon, les amies.

À ces mots, que je croyais plutôt réconfortants, mon frère se redresse, comme si je venais de lui planter un poinçon dans les fesses.

— Les amies ! grogne-t-il. Pascale, oui, la pauvre, elle ne ferait pas de mal à une mouche. Mais l'autre, la peste... Qui aurait pu croire ça ! Elles avaient pratiquement grandi ensemble, les meilleures amies du monde, toujours fourrées l'une chez l'autre... Quelle chienne, tout de même ! Dire qu'on lui aurait donné le bon Dieu sans confession !

Mon frère est tout vibrant de colère. Je réprime un bâillement et demande :

— Mais qui donc ?

3

FÂCHEUSE RENCONTRE

Finalement, j'ai réussi à aller me coucher. Il était plus d'une heure du matin. J'ai dormi comme une masse. Au réveil, je ne me sentais pas très en forme.

Je n'ai pas appris grand-chose, hier soir, sauf que les deux chiens ont été tués par une nommée Françoise, une amie de Michèle. Sous le cadavre pendu de Pécuchet, on a retrouvé un de ses bracelets, un de ces colifichets brésiliens à la mode. Michèle l'a immédiatement identifié. Françoise le portait toujours.

Et puis, à la nuit tombée, hier soir, peu de temps avant mon arrivée avec Bernard, Françoise a été vue à proximité de la maison. Elle avançait bizarrement, en se cachant, se retournant sans cesse. Et elle avait dans les bras un énorme paquet qu'elle transportait avec peine.

Pourquoi cette fille a-t-elle fait une chose pareille ? Ça n'a pas de sens. On ne m'a probablement pas tout dit. Cette Françoise doit avoir le même âge que ma nièce. Elles ont beau être majeures depuis peu, ce sont encore des gamines. Et déjà capables de telles monstruosités ? Les jeunes filles ne sont plus ce qu'elles étaient…

En tout cas, j'hésite un bon moment avant de me rendre à la cuisine. Je n'ai vraiment pas envie de retrouver l'ambiance de catastrophe dans laquelle j'ai été plongé hier soir.

Pourtant, je ne peux pas rester indéfiniment dans ma chambre. Vers dix heures, traînant la patte, toujours en pyjama, je me dirige donc vers la cuisine, d'où me parvient un léger bruit.

J'y trouve Marie, seule. Marie, je l'ai connue jeune mariée, belle fille, enjouée, élégante. J'étais même un peu jaloux de mon frère…

Mais j'ai maintenant en face de moi une quinquagénaire au visage couperosé, un peu épaisse, les cheveux mal arrangés ; et des cernes sous les yeux, l'air fatigué, triste. L'affaire des chiens, uniquement ?

— Bonjour, Louis, me fait-elle avec un pâle sourire. Excuse-nous pour hier, ce n'était pas une façon de te recevoir, mais avec ces événements, tu comprends…

— En effet, dis-je sans conviction, ça ne doit pas être très drôle.

Marie a préparé du café. Sans un mot, elle m'en offre une tasse. Il sent bon, son café. Pas le jus clair des plaines canadiennes… Pourtant, je n'en ai guère envie. J'avais prévu de passer deux semaines chez mon frère, mais vraiment, quinze jours dans cette ambiance funèbre, ça s'annonce mal !…

Je me demande s'il ne vaudrait pas mieux crever l'abcès dès maintenant. Les secrets de famille, plus c'est caché, plus ça fermente. Et le jour où ça éclate, ça peut faire du vilain. Des morts, même. Je n'ai pas envie d'assister à des scènes de ce genre. Autant savoir tout de suite ce qu'il en est de cette affaire lamentable, puis faire une croix dessus.

— Dis-moi, Marie, fais-je d'une voix que je voudrais neutre. Qu'est-ce que c'est que cette histoire de chiens ? Une vengeance ? Bernard m'a parlé d'une amie d'enfance…

Ma belle-sœur lève vers moi ses yeux rougis. Elle murmure :

— Une amie, oui, si on peut appeler ça comme ça. L'amitié est bien peu de chose, alors, si elle peut se transformer aussi rapidement en une haine aussi violente. Je ne comprends pas. Françoise était ici chez elle, c'était la meilleure amie de Michèle, depuis toujours. Drôle, serviable, intelligente...

Et puis, bien sûr, une histoire de garçon. Un curieux garçon, Daniel. Secret, un peu romantique. Pas d'ici... Il sortait avec Michèle depuis un an environ. Ça s'annonçait pourtant bien... Et puis, il y a quelques semaines, leurs relations se sont refroidies, Michèle n'a pas voulu me dire pourquoi, et Daniel s'est retrouvé avec Françoise.

C'était désolant, bien sûr, mais que pouvions-nous dire ? C'est la vie, après tout. Et Michèle est majeure. Tout de même, j'ai trouvé misérable cette façon qu'a eue Françoise, il y a une semaine environ, de se retourner contre Michèle, de la considérer comme une ennemie, de la poursuivre de sa méchanceté...

Ah, je comprends enfin ! Une histoire de cœur. Une de plus ! Les amies de toujours séparées d'un seul coup parce que les deux, qui ont toujours tout partagé, tout échangé, se retrouvent amoureuses du même homme. Et c'est la guerre ! Classique. L'humanité ne changera donc jamais ?

Enfin, j'y vois clair, maintenant. Pourtant, est-ce bien certain ? Là où mes deux jouvencelles auraient dû se contenter de se crêper le chignon ou de se traiter de cocottes, pourquoi Françoise est-elle allée jusqu'à tuer des animaux appartenant à son ancienne amie, et ce d'une façon aussi odieuse, aussi théâtrale ?

— Je la connais, cette Françoise ? demandé-je, histoire de rompre le silence qui, de nouveau, s'est installé.

— Je ne pense pas, répond Marie. Elle a le même âge que Michèle. Mais tu dois connaître son père, Julien Brivault.

Julien ? Bien sûr que je le connais. J'ai fait toute mon école élémentaire avec lui. Nous étions dans la même classe, avec Jean-Philippe Comeau. Un vieux copain. Je ne savais pas qu'il avait une fille. Bah, peu importe. J'en ai assez, de cette comédie, assez des chiens et des amoureux déçus. J'ai passé l'âge de ces psychodrames…

Prenant congé, je retourne dans ma chambre pour faire ma toilette et m'habiller. Quand j'en ressors, vers dix heures trente, la maison est silencieuse. J'en profite pour m'éclipser et aller faire un tour dans le village.

Charost est un de ces bourgs typiques du centre de la France. Une longue rue, où s'égrènent, de part et d'autre, un chapelet de maisons de pierres aux toits de tuiles ou d'ardoises. Quelques magasins — de plus en plus rares —, des maisons abandonnées et des cafés. Vu d'avion, le village doit ressembler à un mille-pattes avec des pattes cassées…

L'endroit est pourtant reposant, il faut avouer. On n'y est jamais très loin des arbres ni de la rivière, l'Arnon, qui traverse le village perpendiculairement à la rue principale. Un paysage nonchalant, qui invite davantage à la paresse qu'à l'énervement.

L'air est assez doux. Un dimanche matin d'été comme autrefois, calme, avec de rares passants qui, dans la rue, vous disent bonjour…

J'aurais aimé en profiter davantage, mais cette histoire de chiens pendus ou égorgés me colle à la peau. Tout ça pour une bête rivalité amoureuse. Il est beau, l'amour !…

Cependant, en y repensant, je me rends compte qu'il y a quelque chose qui cloche. Pourquoi est-ce Françoise qui en veut à Michèle ? Après tout, c'est elle qui a piqué son galant à l'autre, et c'est Michèle qui devrait en avoir après elle, avoir envie de se venger, de la frapper. Pas l'inverse !

Je voudrais pouvoir penser à autre chose qu'à ce drame qui ne me concerne pas, mais c'est plus fort que moi. L'absence de logique me dérange, me perturbe. Je ne veux pas me mêler des affaires de ma famille, surtout des affaires qui s'annoncent aussi sordides, mais le fait qu'elles soient illogiques m'indispose…

On ne m'a pas tout dit, j'en suis certain. Ni Bernard ni Marie. Ont-ils simplement omis quelques détails, ou bien m'ont-ils menti ? Et dans ce cas, dans quelle intention ?

D'accord, quelqu'un a vu Françoise hier soir, près de la maison, avec quelque chose de lourd dans les bras. Mais qu'est-ce que ça prouve ? Charost n'est pas bien grand, mille habitants au plus. On le traverse en moins de vingt minutes. Où qu'on aille, il est difficile de ne pas se trouver « près » de chez un quelconque habitant du village.

Mes pas m'ont amené sur la place centrale, face à la mairie. Sur un des côtés de la place, le Café de la Chaume. J'y ai passé des soirées entières, autrefois, avec des bons à rien de mon âge, à refaire le monde...

Mais le Café de la Chaume, au bout du compte, n'a pas changé davantage que le monde. Il n'a même pas changé de nom... Machinalement, j'en pousse la porte.

Il n'y a pas beaucoup de clients. Normal pour un dimanche matin. Derrière le bar, une femme entre deux âges que je ne connais pas. Et, assis sur un tabouret, voûté, la tête enfouie dans les épaules, un type d'un certain âge contemple un verre de vin à moitié vide.

Je m'assois dans la salle et commande un café. La patronne me l'apporte puis disparaît dans l'arrière-boutique. Je commence à siroter mon café. Au bout d'un long moment, l'homme du bar se lève et se retourne pour annoncer à la patronne, toujours invisible, qu'il s'en va.

C'est alors que je le reconnais. Julien ! Julien Brivault ! Fichtre, quel coup de vieux ! Est-ce que j'ai l'air aussi décati que ça ?

— Ho, Julien !

Julien me fait face et me dévisage avec étonnement. Manifestement, il ne me remet pas. Ses petits yeux disparaissent presque dans des bourrelets de graisse, mais ils me fixent intensément, suspicieux.

Soudain, il fronce les sourcils. Il se redresse et fait un pas en avant.

— Louis ? dit-il.

Puis, brusquement, sans même me laisser le temps de répondre, il arrête son geste et profère avec colère :

— Pas la peine de me raconter des histoires, vieux. Les Ferdine, je les ai assez vus, assez entendus. Une belle bande de gangsters, tous autant que vous êtes ! En prison, vous finirez, moi je te le dis ! Tas de charognards ! Saboteurs ! Assassins !

Et, tournant les talons, il sort du café en claquant violemment la porte. Qu'est-ce que ça signifie ?

Au bruit, la patronne a réapparu. Elle me regarde avec un mélange de surprise et de méfiance. On lui aurait annoncé que j'étais Jack l'Éventreur en personne qu'elle ne ferait pas une autre tête…

L'air un peu gênée, elle se gratte la tête puis se met à essuyer son comptoir d'un geste mécanique. Ça la démange de me dire quelque chose, ça se voit sur sa figure. Figure d'espionne, figure de concierge… Tant pis pour elle. Moi, je n'ai pas envie de discuter.

Je me lève et lui demande combien je lui dois.

— Ça fait cinq francs, dit-elle sans me quitter des yeux.

Puis, comme je me dirige vers la porte, elle se lance :

— Alors comme ça, vous êtes apparenté à la famille Ferdine ?

— Je suis le frère de Bernard, fais-je d'un ton aigre. Et vous, vous êtes de la famille « Flic » ?

À mon tour, je sors en claquant la porte. Elle en est restée stupéfaite, la gargotière* ! Une fois dehors, après quelques pas, je me demande si j'ai bien eu raison de me montrer aussi désagréable. Elle ne m'a rien fait, cette dame, au fond. Juste posé une question. Normal, dans un village aussi petit, où tout le monde se connaît, où tout le monde est « apparenté ».

Mais j'avoue avoir été déconcerté par l'attitude et la violence de Julien Brivault. Déstabilisé, même. Il m'a traité d'assassin, ni plus ni moins ! Ça ne fait pas plaisir ! Je ne vais toutefois pas courir après lui. À quoi bon ? J'en ai assez, de toute cette histoire. Ce n'est pas la mienne. Je ne suis plus d'ici ! Dois-je le répéter ?

Pourtant, cette fois, il faudra bien que mon frère daigne m'expliquer ce qui se trame entre sa famille et celle de Julien. Je suis venu en vacances, moi, pas pour prendre des coups de fusil !

* Personne qui tient une gargote (restaurant où l'on mange à bas prix une mauvaise nourriture).

4

L'HOMME AUX RATS

De nouveau dans la rue, je m'éloigne rapidement. Pourtant, je n'ai pas envie de revenir à la maison tout de suite, de retomber dans cette ambiance à couper au couteau. Pas davantage de me retrouver face à face avec Julien, ou avec un membre de sa famille, ou un quelconque croquant* qui va me traiter de criminel... J'ai besoin de me calmer, de penser à autre chose.

Il y a une ancienne voie de chemin de fer qui coupe la route menant chez mon frère. C'est un endroit tranquille, parallèle à la rue principale, qui traverse le parc puis se perd dans les champs en direction de Bourges.

La voie ferrée enjambe l'Arnon et l'ancien canal sur deux viaducs imposants.

* Paysan.

On y a une vue plongeante sur la rivière et ses eaux vertes, ses berges plantées de saules et de peupliers. En cette saison, tout est feuillu, touffu, plein d'oiseaux. J'y allais souvent, dans ma jeunesse.

Aujourd'hui, bien sûr, le paysage est complètement envahi par la végétation et même le canal a perdu son allure artificielle. Il ressemble à un simple bras naturel de l'Arnon, qui chemine paresseusement au milieu des arbres et des buissons, un peu plus loin. Un lieu presque sauvage…

Je m'y retrouve assez vite. Mains dans les poches, je déambule le long des rails à demi enterrés. Je songe en souriant que, lorsque j'étais adolescent, me prenant pour Musset ou Byron, j'y venais pour écrire des poèmes. Niaiserie innocente ! Niaiserie, oui, peut-être, mais au moins je ne pendais pas les chiens…

La solitude m'apaise un peu. Pour avoir l'impression de vivre pleinement, j'ai absolument besoin de savoir que personne ne respire le même air que moi en même temps que moi. Je ne suis bien que seul. Oui, je sais, je n'avais qu'à pas venir…

Parvenu près du pont, celui qui passe au-dessus du canal, je retombe brusquement sur terre. Un type vient de surgir devant moi, comme une apparition soudaine ! Je ne l'ai pas vu arriver. Il vient sans doute de sortir des fourrés, sur le côté, après avoir escaladé le talus qui grimpe depuis la berge.

L'homme a l'air aussi surpris que moi. Drôle d'individu… C'est un véritable géant, une armoire à glace, une brute épaisse qui pourrait m'écraser comme un moustique d'un seul coup de poing…

Il me regarde avec ses yeux énormes, globuleux. Des yeux fous. Un filet de bave coule de sa bouche ouverte. D'où sort-il, ce Neandertal ?

Curieusement, c'est lui qui a l'air effrayé. Je n'ai pourtant rien de bien terrible, il me semble. Ho, j'en ai assez, moi, qu'on me prenne pour l'éventreur de service ! Ce serait plutôt à moi d'avoir peur…

Les yeux de l'homme sont étrangement fixés sur moi. Et s'il allait tenter de m'assommer, de m'étriper, de me jeter dans le canal ?…

Je sens le froid de la peur couler dans mes veines. Malgré tout, j'essaie de faire bonne figure, d'adopter l'allure de l'inoffensif touriste. Il faut calmer la bête... Dans une espèce de gargouillis, je m'entends lui dire bonjour.

Alors, sans prévenir, l'idiot colossal me gratifie d'un sourire béat et humide, comme si je venais de lui donner un bonbon. Et presque aussitôt, comme pour me remercier, il tend vers moi son poing qui, jusqu'ici, pendait mollement au bout de son bras. Ce poing cyclopéen, velu, noueux, est crispé autour d'une longue ficelle qui se balance doucement devant moi. Je ne comprends pas...

Je baisse alors les yeux, et je vois enfin ce qui est attaché au bout de la ficelle. J'en frissonne de dégoût !

Ce sont des rats ! Deux rats morts, sanguinolents, qui vont et viennent presque sous mon nez comme un pendule répugnant ! Instinctivement, je recule d'un pas, tendant mes bras en avant dans un mouvement de protection.

Le sourire, sur le visage de la brute, s'efface aussi vite qu'il y est apparu. Le colosse émet alors un chuintement, une sorte de glouglou ignoble. Avec une grimace bizarre, il serre les rats contre sa poitrine comme un trésor, puis il disparaît brusquement dans les buissons dont il avait jailli quelques secondes auparavant.

Et je reste seul sous le soleil d'été, hébété, incapable de faire un mouvement…

Puis les insectes reprennent leur stridulation. Un oiseau chante. J'ai presque l'impression d'avoir rêvé…

Et pourtant non ! Ce type, cet hercule abruti, avec ses rats morts qu'il promenait comme un yoyo, je ne l'ai pas inventé ! J'en ai encore l'estomac noué. Pendre des cadavres d'animaux, est-ce une nouvelle coutume locale ? Je commence à regretter sérieusement d'y être revenu, au pays natal…

Allons, je ne vais pourtant pas rester là. Il faut sortir de ce cauchemar. Traînant les pieds, je finis donc par rentrer chez mon frère. Bientôt midi, il va être l'heure de se mettre à table. Ce n'est pas que j'aie très faim, mais… où aller ?

Une fois à la maison, je retrouve Bernard et Marie, assis dans la cuisine. Michèle reste invisible. L'atmosphère s'est à peine détendue. Histoire de rompre la glace, je raconte la rencontre que je viens de faire. Celle de l'homme aux rats, bien sûr, car je me garde bien de dire un mot au sujet de celle de Julien !

— Ah ah ! fait mon frère, heureux, semble-t-il, de trouver un sujet de diversion. Tu as fait connaissance avec Momo ! Tu as vu le monstre, un peu ! Le yéti en personne, non ?

— Ne dis pas ça, Bernard, intervient doucement Marie. Pauvre garçon ! Ce n'est pas sa faute…

— Pauvre garçon, ce grizzli ?

— Oui, reprend Marie. Momo est un simple d'esprit, un innocent, comme on dit ici. Il est impressionnant, mais il ne ferait pas de mal à une mouche.

Pas de mal à une mouche ? Je me demande… Je revois ces rats saignants au bout de leur ficelle. Je n'aurais pas aimé être à leur place…

— C'est vrai qu'il est plutôt inoffensif, convient Bernard. Mais comment veux-tu que les gens ne soient pas irrités, avec sa manie de chaparder le linge qui sèche ou les bibelots qui traînent ?

— Il ne les vole pas, Bernard, puisqu'on les retrouve toujours quelque part. Il n'a même pas la notion de propriété.

C'est un jeu, pour lui, un moyen d'attirer l'attention, peut-être.

Bref, je n'ai pas risqué ma vie en croisant son chemin…

— Momo est le fils de Céline Berdin, reprend Marie à mon intention. Tu l'as connue, je suppose.

Céline Berdin, en effet. Une pauvre fille, un peu simplette. Elle avait mon âge. Quelle a pu être sa vie ? Une vie de chienne, probablement. Marie m'apprend qu'elle a eu un enfant, peu de temps après mon départ. De père inconnu, bien sûr…

L'enfant est né avec quelques cases en moins dans le cerveau, et il a hérité de sa mère la fonction d'idiot de village. Éternel souffre-douleur des garnements, bouc émissaire… Le malchanceux incurable dont la seule existence aide les autres à mieux supporter leur propre misère… Les joies de la campagne…

Décidément, de belles vacances !

Le repas se déroule dans un silence que ponctue à peine le bruit des couteaux et des fourchettes. Bon sang, j'en avais rêvé, de la cuisine familiale, des ragoûts mitonnés ! Mais l'atmosphère est tellement lourde que je mangerais des hamburgers sans même m'en rendre compte…

Michèle, quant à elle, ne s'est pas montrée. Tant mieux, après tout. Je devrais peut-être en profiter pour poser les questions qui me brûlent les lèvres depuis ce matin. Mais j'hésite, je ne sais pas comment m'y prendre.

Finalement, je me lance en choisissant de ne pas interroger directement.

— Au fait, Bernard, fais-je d'un ton faussement désinvolte. Sais-tu qui j'ai rencontré ce matin au Café de la Chaume ? Devine un peu.

Pas de réaction. J'avale ma salive et je poursuis :

— Julien. Julien Brivault.

Mon frère se raidit sur sa chaise. C'est comme si je venais de cracher dans son assiette ! Marie, de son côté, serre tellement les dents que ses joues en deviennent presque blanches.

— Tu lui as parlé ? demande mon frère avec aigreur.

— Pas eu le temps de placer un mot, dis-je. Il m'avait à peine reconnu qu'il commençait déjà à m'insulter. Et il a fichu le camp comme un malpropre. Ni bonjour ni bonsoir !

— Ah, ça ne m'étonne pas ! s'exclame Bernard, comme soulagé d'apprendre que je n'ai pas fraternisé avec le diable. Des crapules, tous ! Une famille d'assassins…

— C'est exactement ce qu'il a dit à propos de nous, fais-je remarquer.

Mon frère devient rouge. La colère l'étouffe. Marie a l'air d'être empalée sur sa chaise.

— Comment a-t-il osé ! s'écrie Bernard. Décidément, ils auront toutes les audaces ! Sais-tu ce qu'ils ont fait ? Non contents d'avoir salement exécuté les pauvres chiens de Michèle, ils sont allés jusqu'à l'accuser d'avoir voulu tuer leur propre fille, Françoise !

— Comment ça ?

— Ah oui, c'est du propre ! continue Bernard comme s'il ne m'avait pas entendu. Ça ne sait pas conduire, ça plante sa voiture dans un champ, et ça vient accuser les autres d'avoir saboté les freins ! Non mais, franchement ! Tu t'imagines Michèle en train de trafiquer une auto ? C'est de la folie ! Ils n'ont vraiment honte de rien !

Saboté les freins ? Effectivement, Julien a bien prononcé le mot de saboteurs à propos des Ferdine, tout à l'heure. Qu'est-ce que cette nouvelle invention ? Les Brivault, au lieu de s'être livrés à une farce sanglante et gratuite, se seraient donc simplement vengés sur les chiens de Michèle de je ne sais quelle tentative de meurtre ?

Voilà qui modifie un peu les données du problème. On n'en est pas sortis ! Ça peut mener loin, ce genre de vendetta. Mais comment savoir qui a vraiment commencé ? Il faudrait pouvoir en parler avec les intéressées.

Saboter une voiture, égorger des chiens… Elles y vont fort, les jeunes filles d'aujourd'hui…

— Et Michèle ? demandé-je tout à coup. Qu'est-ce qu'elle en dit ?

— Michèle ? réplique Bernard. La pauvre enfant ! Elle n'a rien fait de tout ça, bien sûr. Calomnies ! Laisse-la donc tranquille, elle n'est pas en état.

Pas en état ? Mouais, peut-être… Mais j'aimerais bien lui poser une ou deux questions, moi, à Michèle. Entre quat'z-yeux…

5

LE TONNEAU DE LA HAINE

Le repas s'est achevé dans un silence glacial. Je suffoque dans cette cuisine, dans cette atmosphère de suspicion, de vengeance, de mensonges…

Qu'y a-t-il de vrai dans tout ça ? Une histoire d'amoureuses jalouses, simplement ? Cela aurait donné lieu à des pleurs, des coups de griffes, des lettres d'insultes. Pas à ces mises en scène macabres.

Et puis, au vu de quelles preuves les deux familles se lancent-elles de pareilles accusations à la figure ? Qui sont les témoins ? J'en viens à soupçonner que cette crise n'est que la partie visible d'un drame autrement plus grave, plus profond.

Je n'en peux plus. Sitôt mon café avalé, en face d'une Marie muette et immobile, les yeux perdus au fond de son assiette vide, et d'un Bernard écarlate mâchouillant silencieusement son exaspération, je file en prétextant une vague migraine. J'ai besoin de marcher…

De nouveau, me voilà dans la rue. La route, plutôt, car il y a peu de maisons dans ce quartier légèrement isolé du reste du bourg. Le parc sur ma droite, à gauche une ancienne fabrique de balais désaffectée.

J'hésite un peu. Où aller ? L'ancienne voie ferrée ne me dit rien. Je n'ai pas envie de retomber sur Momo et ses rats morts… Un des cafés du village ? Et rencontrer encore Julien ?

Finalement, lorsque je me retrouve dans la rue principale, je prends à gauche, vers l'extérieur du village, direction Issoudun. Je marche à pas lents, les mains dans les poches et les yeux au sol à cause de la lumière éblouissante de l'été.

Après les dernières maisons du village se trouve un garage. *Le* garage, devrais-je dire. Il n'y en a pas d'autre à Charost. Au-delà, les champs. Non, je n'ai tout de même pas quitté les plaines canadiennes, même provisoirement, pour aller voir des champs de blé !...

Au moment de rebrousser chemin, de mauvaise humeur, je repense à cette histoire de sabotage de freins dont Julien a accusé Michèle.

Selon Bernard, Françoise aurait abouti dans un champ après avoir perdu le contrôle de sa voiture, au sortir d'un virage. Françoise s'en est tirée avec quelques contusions, mais la voiture a eu besoin d'une solide révision. Ce qui veut dire qu'elle a été amenée ici...

Je me demande qui tient ce garage maintenant. Le père Maxime, qui le dirigeait il y a une trentaine d'années, a dû se retirer des affaires. Bah, je ne risque rien à aller jeter un coup d'œil.

En pénétrant dans le garage, je suis soulagé d'y rencontrer un peu de fraîcheur. Encore ébloui par la lumière de l'extérieur, je ne distingue pas grand-chose. Puis, j'aperçois un type penché sur une voiture, la tête à demi enfouie sous le capot relevé.

Au bruit que je fais en m'approchant, le gars se redresse et me dévisage, l'air étonné. Grand, des mains comme des battoirs, une barbe de trois jours qui lui mange les joues, j'aurais bien du mal à lui mettre un nom sur la figure.

Lui, pourtant, me sourit largement et s'avance vers moi en me tendant une main noire de graisse.

— Hé, voilà notre Canadien ! Alors, Louis, le mal du pays ?

C'est à sa voix gouailleuse et à son sourire que je reconnais Thierry. Il a quelques années de moins que moi. Lorsque j'ai quitté Charost, il était apprenti mécanicien chez Maxime et n'avait pas encore un poil sur le menton.

J'éprouve la curieuse impression, depuis hier soir, d'avoir fait un bond dans le temps, de m'être réveillé après trente ans d'hibernation dans un monde qui aurait vieilli sans m'attendre. Et pourtant, moi-même, de quoi ai-je l'air ? Qui vois-je dans la glace chaque matin, sinon le résultat d'un demi-siècle de décrépitude…

— Mal du pays ? dis-je en affectant un air jovial. Tu parles d'un pays ! On y pend des chiens, on y sabote des voitures…

À ces mots, Thierry redevient brusquement grave.

— Ne plaisante pas avec ça, Louis. Ça n'a rien d'amusant. Ah, elle est propre, la jeunesse d'aujourd'hui !

Je souris. Thierry n'avait pas dix-huit ans qu'il parlait déjà comme ça. Je lui répondrais volontiers que les vieux ne valent souvent pas mieux que les jeunes, mais je ne veux pas le lancer sur ce sujet inépuisable. Je préfère qu'il me parle de ce qui est arrivé à la voiture de Françoise. Je lui demande :

— Alors, c'est vrai, cette histoire de freins ?

— Oui, apparemment, grommelle Thierry. J'ai dépanné la voiture moi-même. Quand je l'ai examinée pour estimer le montant des réparations, je me suis aperçu que le réservoir du liquide de frein était vide.

— Ça ne prouve rien…

— En soi, non. Mais en y regardant de plus près, j'ai remarqué qu'un des boulons, en dessous, était complètement dévissé. Le réservoir s'est purgé tout seul.

— C'est peut-être toi qui l'avais mal revissé après la dernière révision.

Thierry me foudroie du regard. Oser accuser un artisan d'avoir négligé son travail !... Je bats en retraite.

— Je veux dire, ç'aurait pu être n'importe qui. Négligence, distraction... Et puis, qu'est-ce qui permet d'incriminer Michèle ? C'est très grave, ce genre d'accusation. Tu te rends compte jusqu'où ça peut aller ?

Thierry hésite un moment, puis il bougonne :

— Coincé sous le bloc-moteur, j'ai retrouvé un mouchoir noir de cambouis. Pensant qu'il lui appartenait, je l'ai remis à Françoise le soir même. Or, cet objet, Françoise le connaissait bien : un petit mouchoir brodé appartenant à Michèle, qui le tenait de sa grand-mère. Un spécimen unique, selon elle...

Je hoche la tête. On ne peut pas nier l'évidence. La suite n'est pas difficile à deviner. Françoise, outrée par ce qu'on peut bien appeler une tentative de meurtre, s'est vengée sur les chiens de Michèle.

Pourtant, il y a une chose qui m'échappe. Que s'est-il passé entre Françoise et Michèle pour que cette dernière en vienne à commettre un tel acte ? Tout ça à cause des inconstances de Daniel ?

— Tu le connais, ce Daniel ? demandé-je à Thierry. C'est un tombeur ? Elles ont pu perdre la tête pour lui ?

— J'avoue que je ne comprends pas, répond-il. Il n'est pas d'ici. Du Nord, je crois. Un type peu bavard, pas très sympathique. On ne sait pas pourquoi il a lâché Michèle. Ça avait l'air d'aller entre eux, pourtant. Et puis, presque sans prévenir, il lui pique sa meilleure copine. Un pas grand-chose, si tu veux mon avis…

La discussion s'arrête là. Qu'ai-je appris ? Que le monde fonctionne toujours aussi mal et que les gens, pour des bêtises, sont toujours prêts à s'étriper. Après quelques banalités, je dis au revoir à Thierry et décide de rentrer chez mon frère.

Je suis tout de même perplexe. Ces filles sont folles ! Jusqu'où cela ira-t-il ? Vont-elles vraiment s'entre-tuer ? Tout en continuant de marcher, je repense à ce vers de Baudelaire, qui se trouve dans le poème intitulé *Le tonneau de la haine* :

La Vengeance éperdue aux bras rouges et forts…

Je ne me souviens plus de la suite, mais ce vers est suffisant. Le tonneau de la haine ! Un tonneau sans fond et qui s'alimente de lui-même, sans fin…

De gros nuages, à l'ouest, ont obscurci le ciel. On dirait que le temps va changer. Un orage ?

Une fois à la maison, je regagne directement ma chambre. Je n'ai pas envie d'affronter l'humeur de Bernard, ni même de rencontrer Michèle. Je reste donc allongé sur mon lit jusqu'au soir, ruminant des pensées désagréables.

Ce qui me sidère le plus, dans cette lamentable histoire, c'est la rapidité avec laquelle les événements se sont enchaînés. Le soir même de son accident, Françoise trouve la force — et la haine — nécessaire à l'accomplissement de sa vengeance en tuant et en pendant le chien de son ancienne amie. C'est stupéfiant !

À se demander qui a réellement commencé… Le tonneau de la haine… *La Vengeance éperdue aux bras rouges et forts…* Comment des filles, tout juste sorties de l'adolescence, quand on y songe, ont-elles pu commettre ces infamies sans aide, sans complicité ?

Ma soirée se passe dans un malaise que je ne parviens pas à dissiper. Il fait nuit maintenant. Le ciel, tout au long de l'après-midi, s'est chargé de nuages menaçants. Y a-t-il eu un souper ce soir ? Je n'en sais rien. Je ne veux pas le savoir. La maison est absolument silencieuse.

Tout à coup, à l'extérieur, un léger bruit me fait sursauter. J'ai l'impression qu'une ombre passe devant ma fenêtre. Des bruits de pas furtifs... Je me lève doucement et jette un coup d'œil dans le jardin. Rien. Je délire ?

Je reste aux aguets un long moment, sans rien entendre d'autre que les gouttes de pluie qui commencent à s'écraser sur le toit et de légers grincements, ce qui est chose courante dans ces vieilles maisons campagnardes. Les minutes passent, longues, lentes.

Et brusquement, c'est comme une explosion qui fait trembler la maison. Un rugissement de colère, de haine ! Bien qu'elle soit horriblement déformée, je reconnais la voix de mon frère.

— Mensonges ! Calomnies ! hurle-t-il comme un damné. Les ordures ! C'est donc la guerre qu'ils veulent !

Je me précipite hors de la chambre. Je n'ai que le temps d'apercevoir Bernard, en proie à une rage folle, se lancer hors de la maison.

À la cuisine, je retrouve Marie effondrée sur la table, le visage entre les mains, les épaules secouées par de violents sanglots.

— Que se passe-t-il encore ? fais-je, excédé, gagné à mon tour par cette nervosité, cette folie.

— Je ne sais pas, je ne sais plus, bredouille Marie entre deux crises de larmes. Michèle a lancé — aurait lancé, du moins —, une pierre dans la fenêtre de la chambre de Françoise Brivault…

— Et alors ? Il n'y a pas de quoi appeler la cavalerie !

Mon humour ne déride pas Marie. Elle reprend :

— À la pierre était attaché un message… avec des menaces de mort… Des menaces atroces… Et les Brivault sont devenus fous, et Daniel aussi. Il paraît qu'il a pris son fusil et qu'il veut venir ici, qu'il veut tous nous tuer !

Marie fond de nouveau en larmes, incapable de continuer. Ça commence à tourner au vinaigre, cette affaire à dormir debout. Je demande :

— Vous avez averti la police ?

Marie relève la tête. Son visage ravagé exprime la plus profonde stupéfaction. La question, apparemment, ne l'avait même pas effleurée.

— Mais c'est par là qu'il fallait commencer, bon sang ! dis-je en hurlant, conscient que moi aussi je suis à deux doigts de devenir hystérique.

Marie se lève tout d'un coup.

— Tu as raison, dit-elle, presque calmement. Je vais appeler la gendarmerie.

— Où est Bernard ?

— Il... il a pris son fusil et il est sorti. Tu devrais peut-être le rattraper avant qu'il fasse une bêtise.

Bon. Marie semble avoir retrouvé son bon sens. Pour ma part, je vais tâcher d'empêcher mon frère de commettre l'irréparable.

Juste avant de sortir à mon tour, je demande encore :

— Et Michèle ? Qu'est-ce qu'elle en dit, de tout ça ?

Sans attendre la réponse, qui ne vient d'ailleurs pas, je vais jusqu'à la chambre de ma nièce et frappe à sa porte. Il faudra bien qu'elle parle, cette fois !

Je frappe encore. Toujours rien ! Je vais m'énerver ! Constatant mon manège, Marie s'approche. Elle frappe doucement, appelle à voix basse :

— Michèle, Michèle…

Aucune réponse. Elle essaie d'ouvrir la porte, mais elle est fermée de l'intérieur. Marie me regarde avec angoisse. Maintenant elle hurle :

— Michèle !

Et elle se met à tambouriner de toutes ses forces. C'en est trop ! Gagné par sa frénésie, j'écarte Marie, recule de quelques pas et, prenant mon élan, je me jette sur la porte.

Celle-ci cède au premier coup et je me retrouve dans la pièce, un peu déconcerté par ma propre violence.

La chambre est vide !

6

Furie

Enlevée ?

Non, là je déraille, moi aussi. En faisant le tour de la chambre, je constate que la fenêtre n'est pas fermée mais simplement poussée. Michèle est donc sortie d'elle-même. Cette ombre que j'ai entrevue tout à l'heure ?

— Quand l'as-tu vue pour la dernière fois ? demandé-je à Marie.

— Il y a un quart d'heure à peine, bredouille-t-elle. J'ai passé le début de la soirée avec elle, dans sa chambre. Ensuite, je suis retournée dans la cuisine.

— Et cette fameuse pierre, ce message de menace dont tu viens de me parler ?

— C'est impossible, gémit Marie. Je ne l'ai pas quittée un seul instant. Comment aurait-elle pu ?

— Qu'est-ce que c'est que cette histoire, alors ?

— Ça n'a pas de sens. J'étais dans la cuisine depuis quelques minutes, avec Bernard, quand Pascale est arrivée. Elle avait l'air complètement affolée, la pauvre. Elle venait de chez les Brivault. Elle est toujours amie de Françoise, tu sais, toutes les trois étaient comme les doigts de la main…

— Je sais. Et alors ?

— Les Brivault étaient fous furieux. D'après eux, Michèle venait de lancer un caillou à travers la fenêtre de Françoise, avec ce papier rempli de menaces de mort. Françoise hurlait comme une folle, Julien également. Daniel était là, lui aussi. Il a pris le fusil de Julien et il est sorti en disant qu'il allait faire arrêter tout ça. Alors Pascale est venue nous avertir, tu comprends…

Non, je ne comprends pas. Je ne comprends pas qui a fait quoi, ni pour quelle raison. C'est de la folie pure. Mais ce qui est certain, c'est qu'un drame autrement plus grave que la pendaison d'un chien est sur le point d'éclater.

Une violente déflagration se fait alors entendre. Abandonnant Marie à ses larmes, je me rue à l'extérieur. Là, je pousse un soupir de soulagement en constatant que ce n'est que l'orage qui vient d'éclater. La pluie se déchaîne.

Tant pis. Pas le temps de prendre une veste. Il y a trop de fusils chargés dans le coin, et trop de doigts nerveux sur les gâchettes… Je me lance dans la rue, me hâtant vers le centre du village.

Où sont-ils passés, tous ? Une meute hurlante de parents offensés prêts à faire justice eux-mêmes, ça ne doit pas passer inaperçu !

Au moment où je traverse l'ancienne voie de chemin de fer, des éclats de voix attirent mon attention. Là-bas, au-delà du pont, il y a effectivement de l'agitation. Ils sont un groupe, gesticulant, criant. Sans plus hésiter, je me mets à courir dans leur direction.

Bientôt je reconnais mon frère, entouré de plusieurs personnes. Il a dû rameuter plusieurs de ses amis avant de partir à la recherche du fameux Daniel. Quelques-uns sont armés de fusils de chasse.

Face à eux, deux hommes, seuls. Julien Brivault est l'un d'eux. L'autre, un jeune homme dans la vingtaine, armé lui aussi. La confrontation est inégale.

— Daniel ! hurle mon frère à l'intention du jeune homme. Laisse tomber cette arme ou ça va mal finir !

— Laisse donc tomber la tienne ! réplique Julien. On voit bien de quel côté ils se trouvent, les assassins !

Comment calmer ces fauves déchaînés ? Et qui suis-je pour le faire ? Je n'ai aucune autorité, ici. La pluie, l'orage, loin de les refroidir, semblent au contraire attiser leur haine.

Je regarde Daniel, celui par qui tout a commencé, apparemment. Beau gars, en effet. Il ne doit pas laisser les filles indifférentes. Grand, brun, le type du jeune premier de cinéma. Sauf que là, il a un fusil à deux coups entre les mains…

Ses mains, crispées sur l'arme, tremblent légèrement. Sous une apparence de sang-froid, je sens qu'il est prêt à exploser. Il est plus grand que nous tous, costaud, et je devine en lui une haine contenue à grand-peine.

Lentement, savourant bien son effet, Daniel pointe son arme sur mon frère. Malgré l'obscurité, la tension se lit sur les visages.

— Où est Françoise ? grince-t-il d'une voix sourde, les yeux plantés dans ceux de mon frère.

— Comment veux-tu que je le sache ! réplique immédiatement Bernard. Je ne suis pas sa mère ! Et si elle pouvait être en enfer, ce serait tant mieux pour tout le monde !

Ce n'est pas le moment de jeter de l'huile sur le feu, mais je sens que si je n'interviens pas, il va y avoir du sang.

— Écoute, Julien, dis-je en choisissant de m'adresser à mon ancien ami. Je ne sais pas ce qui se manigance ici, mais il me semble que vous devriez en discuter calmement au lieu d'essayer de vous étriper.

— Toi, le Canadien, ne te mêle pas de ça ! rétorque-t-il. Retourne dans tes forêts !

À ces mots, j'explose. S'il y a une chose que je n'ai jamais pu supporter, c'est l'ignorance et la bêtise qui se donnent en spectacle. Je me rends bien compte de l'absurdité totale de ma réaction, mais cette évocation des forêts alors qu'il n'y a pas un arbre dans les plaines de l'Alberta me fait sortir de mes gonds !

— Mes forêts ! Imbéciles ! Cessez donc de vous conduire comme des ours ! Vous ne savez même pas ce qui s'est passé exactement, les uns comme les autres, et vous prétendez vous substituer à la justice !…

— Alors dis-nous donc où est passée Françoise, monsieur Je-sais-tout ! s'exclame brutalement Julien. Où a-t-elle disparu, hein ? Qu'est-ce que vous lui avez fait ? Étranglée, qui sait !

— Peut-être se trouve-t-elle tout simplement avec Michèle, dis-je sans réfléchir. Elle aussi, elle a disparu.

Cette révélation a un effet inattendu. Daniel, l'air surpris, baisse machinalement son arme en me regardant. Et mon frère, ivre de fureur, en profite pour se jeter sur lui.

Les deux hommes s'abattent sur le sol détrempé, roulent vers les buissons. Les amis de Bernard se jettent sur Julien, qui faisait mine d'intervenir, pour le maîtriser.

Le corps à corps est d'autant plus inégal qu'un des amis de mon frère vient lui prêter main forte. Je ne peux pas rester sans agir, ce garçon va se faire hacher menu !

— Arrête, Bernard ! Ce n'est pas le moment. Pense à ta fille. C'est elle qui compte, elle qu'il faut chercher ! La bagarre ne te la rendra pas !

Mes paroles ont dû porter. Bernard relâche légèrement son étreinte. Mais, profitant de ce répit, Daniel s'arrache à l'emprise de son agresseur et lui décoche un coup violent dans le ventre, puis il roule sur le côté, se relève d'un bond et s'échappe rapidement. Julien, se dégageant à son tour, prend la fuite également et, en quelques secondes, les deux hommes se sont fondus dans la nuit.

Nous nous retrouvons sous la pluie, trempés jusqu'à la moelle, complètement hébétés.

— Que s'est-il passé ? murmure mon frère au bout d'un moment en me dévisageant d'un air anxieux. Qu'est-il arrivé à Michèle ?

— Je ne sais pas, dis-je en haussant les épaules. Elle s'est sauvée par la fenêtre de sa chambre, apparemment.

— Mais pourquoi ?

Je ne réponds pas. Le visage de Bernard est décomposé. Mais qu'y puis-je ? Cette histoire me paraît complètement aberrante. Il est évident que Michèle n'a pas pu lancer cette pierre chez Françoise. Elle n'en aurait pas eu le temps. D'où vient-il alors, ce caillou fantôme ?

Heureusement, l'abattement de Bernard ne dure pas. Il se ressaisit rapidement et déclare :

— C'est toi qui as raison, Louis. J'ai sans doute agi comme une bête. C'est ma fille qui compte. Il faut la retrouver.

— Tu as une idée de l'endroit où elle a pu aller ? demande un de ses amis.

— Aucune, malheureusement, murmure mon frère. Je suis dépassé, je l'avoue. Perdu... Et toi, Louis ? ajoute-t-il après un instant en me jetant un regard qui ressemble à un appel au secours. Tu es romancier, tu connais les choses... Tu devrais savoir...

Et voilà ! « Tu es romancier, tu devrais savoir... » Je l'attendais depuis un moment, celle-là ! Et pourquoi les romanciers en sauraient-ils plus long que les autres ? Si je suis romancier, justement, c'est parce que je ne sais rien ! Rien faire d'autre que gribouiller… Écrivain, c'est un métier d'ignorant, personne n'a donc encore compris ça ?

— Écoute, Bernard, dis-je enfin. De toute évidence, cette affaire n'est qu'un tissu de mensonges et de malveillance. Un imbroglio qui tourne autour de deux filles dont, finalement, je ne sais rien. C'est toi qui les connais, pas moi.

Cependant, je ne veux pas te décevoir, mais je ne serais pas étonné qu'on les découvre quelque part toutes les deux ensemble, en train de comploter. Apparemment, Françoise a disparu, elle aussi. Tu ne crois pas que, depuis le début, ce sont ces deux oies qui vous mènent en bateau ?

Mon frère me regarde, abasourdi, incrédule. Je m'en doutais. Ce que j'avance là est d'ailleurs tout à fait gratuit et je n'en suis pas convaincu moi-même. Mais, après tout, c'est lui qui m'a demandé mon avis…

— Il a peut-être raison, grommelle un des hommes. Va savoir, avec les filles…

Bernard se tourne vers son ami, l'air un peu dérouté.

— C'est possible, admet-il enfin à voix basse. C'est possible. Eh bien, retournons en ville, elles y sont peut-être. Tu nous accompagnes ? ajoute-t-il pour moi.

— Je ne crois pas, dis-je. Je suis trempé et fatigué. Je vais d'abord aller me changer. Et puis, je crois qu'il n'y a plus de danger, maintenant.

Finalement, le groupe repart vers la route et me laisse seul.

La pluie a cessé. L'orage a été aussi bref que violent, l'air est chaud et moite. Je n'ai pas envie de rentrer. Non loin de là, le pont enjambe le canal. Je pars lentement dans cette direction. J'ai besoin de changer d'idées davantage que de vêtements…

Quelques minutes plus tard, je me retrouve sous le pont, au bord de l'ancien canal. Quel calme, tout à coup ! Je m'assois sur une vieille souche et ferme les yeux. Seule la musique légère des dernières gouttes ruisselant des feuilles sur le sol se fait entendre. Tiens, je deviens poète…

La fureur qui animait mon frère et ses concitoyens me semble maintenant très illusoire. Rien ne me paraît bien réel, d'ailleurs, dans cette série d'événements incongrus.

Cet engrenage mystérieux tourne en fait autour de deux jeunes femmes que je n'ai jamais vues, ou si peu. Tout le monde parle en leur nom, agit à leur place, mais je me demande si quelqu'un leur a déjà demandé leur propre version des faits…

Allons, je vais rentrer. Si ça se trouve, Michèle est déjà revenue dans sa chambre, où elle dort tranquillement. Sa disparition ? Affabulation, délire dû à cette atmosphère morbide qui nous baigne depuis hier ! Elle avait besoin de prendre l'air et elle est sortie se promener, voilà tout !

À pas lents, je me dirige donc vers le pont, gravis le talus et rejoins la voie ferrée. Beaucoup de bruit pour rien, finalement…

Et soudain, un coup de feu ! La détonation résonne longuement dans l'air lourd. Qui a tiré ? Et sur qui ? Bernard ?

C'est peu probable. Mon frère est parti vers le village alors que le son vient du côté de la rivière. Rapidement, je fais demi-tour et me hâte en direction du deuxième pont.

Je n'ai pas fait cent mètres qu'un second coup de feu se fait entendre ! Cette fois, je me mets à courir…

7

UNE AFFREUSE DÉCOUVERTE

Je galope comme un dératé, traversant d'abord le pont du canal, sans ralentir, puis je parviens enfin au second pont. J'entame alors la lente descente du talus qui conduit au bord de la rivière.

La pluie a rendu le passage extrêmement glissant et je manque de m'étaler dans la boue à plusieurs reprises. Arrivé sur la berge, je dois m'arrêter, totalement hors d'haleine. Je n'en peux plus, je me laisse tomber sur l'herbe mouillée.

Ces équipées ne sont plus de mon âge, mon cœur fait des bonds comme s'il voulait me sortir par la gorge. Je demeure un long moment immobile, haletant.

Le couvert de nuages s'est déchiré et la lune montre le bout de son nez, jetant une lumière blafarde et un peu sinistre sur la végétation luisante de pluie. Tout en reprenant mon souffle, je reste aux aguets, tendant l'oreille. Après l'orage, après cette agitation frénétique, le silence de la nature me semble sépulcral.

Tout à coup, un léger bruissement dans l'herbe me fait tressaillir. Je me retourne d'un mouvement vif. Une ombre s'immobilise à quelques pas de moi, sous les arbres. Une ombre qui me paraît immense, menaçante. Une ombre chargée de terreur, qui me rappelle ces génies des bois d'une époque révolue, qui surgissaient de la nuit pour apporter le malheur…

C'est Momo. Je réprime un frisson. Cette aventure est en train de me rendre idiot, aussi impressionnable qu'un enfant de cinq ans…

Je hausse les épaules. Le géant innocent, cette fois, ne transporte pas de rats morts au bout d'une ficelle… Les bras ballants, il me dévisage de ses gros yeux vides remplis d'effroi.

Pauvre type ! Les cheveux dégoulinants, les vêtements trempés, il se balance maladroitement d'un pied sur l'autre, l'air mal assuré. Affolé, plutôt. Qu'est-ce qu'il fabrique par ici ? Puis, comme je fais mine de me lever, il détale brusquement sans demander son reste.

J'en ai assez ! Assez de toute cette ménagerie ! Chiens, rats, idiots, hystériques ! Sorcières !… Dans quel sabbat suis-je encore tombé ! Ces explosions de fureur homicide, ce paysage nocturne, sont en train de me rendre fou…

Pourtant, on a tiré deux coups de feu. Folie ou pas, l'affaire est bien réelle et prend une tournure dramatique. Trop d'hommes en armes rôdent par ici, incapables de se contrôler. D'inoffensifs chasseurs du dimanche se sont mués en barbares gonflés de haine meurtrière…

Au départ, Daniel ne pensait peut-être pas sérieusement utiliser son fusil. Bernard non plus. Sur qui, d'ailleurs ? Mais l'exaspération aidant, un malheur est vite arrivé. Les massacres n'arrivent pas autrement. Je pense bien sûr à Michèle et Françoise…

Pourquoi ont-elles disparu, chacune de son côté ? Quand j'ai suggéré à mon frère, tout à l'heure, qu'elles se trouvaient peut-être ensemble, c'était davantage pour le calmer que par réelle conviction.

Cependant, je me demande si cette supposition est tellement ridicule. Personne ne sait, finalement, ce qui s'est réellement passé entre les deux jeunes femmes. Leurs familles s'accusent mutuellement d'actes pour le moins malveillants, mais à aucun moment je n'ai eu l'impression qu'on écoutait ce que les principales intéressées avaient à dire.

Si vraiment elles se détestaient à ce point, allant jusqu'à saboter une voiture, tuer des chiens ou proférer des menaces de mort, je les aurais vues — Michèle tout au moins — se manifester violemment, hurler, appeler à la vengeance…

Or, rien de tout ça n'a eu lieu, à ma connaissance. Comme si ma nièce et son amie Françoise étaient en fait étrangères à cette débauche d'hystérie collective. Quels sont leurs véritables rapports ? Plus étroits qu'on ne le pense, c'est certain. Après tout, pourquoi ne se seraient-elles pas rencontrées ? Ça pourrait expliquer leur disparition simultanée…

Mais, d'un autre côté, comment risque de se dérouler cette confrontation si vraiment elles se haïssent autant qu'on le dit ? L'une d'elles a-t-elle emprunté une arme ? Et s'en est-elle servie contre son ancienne amie ?

J'essaie de me souvenir avec précision de quelle direction sont venus les coups de feu. Pas loin de ce coin-ci, je crois bien. Sur quoi vais-je tomber ?

Je repense tout à coup à l'apparition fantomatique de Momo. Se trouvait-il là par hasard ? A-t-il assisté à la scène ? Il avait l'air complètement effaré. Est-ce seulement de m'avoir vu ?

L'ennui, c'est que je n'ai aucune idée de l'endroit d'où il venait. Il ne me reste plus qu'à errer au hasard. Suivre le bord de la rivière...

Soudain, il me semble apercevoir une silhouette, là-bas, parmi les joncs. Momo ? Impossible. Je reconnaîtrais entre mille sa carrure massive, son profil de gorille. L'ombre vient de s'évanouir sous les arbres. Je crie :

— Qui va là ?

Aucune réponse, bien sûr. Pataugeant dans la boue, j'essaie de me lancer à la poursuite de l'inconnu. Qui cela peut-il être ? Une des filles ? Daniel ? Quelqu'un qui est plus familier des lieux que moi, en tout cas, puisqu'il a pu disparaître aussi facilement.

Je me perds un moment dans les taillis, dans une vaine poursuite, puis je décide de revenir vers le pont. Il m'a semblé entendre une rumeur là-haut. Des voix, des aboiements...

Cela vient de la voie ferrée désaffectée ; du pont, très précisément. Je me rapproche. Bientôt des formes noires se découpent sur le ciel sombre. Les jappements des chiens se font plus précis.

Dans ce brouhaha, je reconnais la voix de mon frère. J'appelle. Des cris me répondent. Bousculade... On descend au milieu des taillis. Quelques secondes plus tard, Bernard et ses acolytes me rejoignent, près de l'eau.

— Qu'est-ce que tu fais là ? me demande mon frère, l'air sincèrement étonné.

— Vous l'avez vu ? dis-je sans me soucier de sa question.

— Qui ?

Je décris brièvement ce que je viens de voir.

Les autres se consultent du regard. Apparemment, personne n'a rien vu.

— Est-ce ce type qui a tiré ? demande Bernard. Tu as pu l'identifier ?

— Non. Il s'est évanoui dans la nature presque aussitôt. Je venais d'arriver. Je n'ai vu personne d'autre.

Pourquoi dis-je cela ? J'ai vu quelqu'un, pourtant. Momo a beau être ce qu'il est, c'est une personne… Sans doute n'ai-je pas envie de mêler la pauvre créature à cet imbroglio sordide. Je devine qu'on lui ferait peut-être porter le chapeau un peu trop facilement…

— Et vous ? demandé-je pour ne pas m'appesantir sur ce sujet. Vous avez trouvé Michèle ?

Bernard secoue la tête d'un air sombre.

— Pas une trace, dit-il.

Puis il avoue, comme avec regret :

— Françoise non plus n'a pas reparu. Robert a pourtant pris ses chiens…

Il me désigne les deux chiens de chasse qu'un de ses amis tient en laisse.

— Il faut fouiller le long de la rivière, déclare le nommé Robert, un grand type aux sourcils en broussaille. C'est de là que provenaient les détonations.

Rien d'autre à faire, en effet. Nous nous mettons donc en marche, sans savoir très bien —du moins en ce qui me concerne— ce que nous cherchons. Le terrain détrempé est glissant, difficile, et les chiens ne nous sont pas d'un grand secours.

Pourtant, après plusieurs minutes de marche, l'un d'eux s'agite, puis il s'élance, suivi de son compagnon. Tant bien que mal, nous essayons de ne pas perdre de vue les deux bêtes, qui disparaissent presque dans les hautes herbes.

Heureusement, leurs aboiements nous permettent de les suivre à l'oreille. C'est un véritable parcours du combattant. Une centaine de mètres plus loin, les aboiements de plus en plus rapprochés nous indiquent que les chiens se sont arrêtés. Qu'ont-ils trouvé ?

— Plus vite ! grommelle mon frère, complètement essoufflé.

Bientôt, nous sommes sur les lieux. Les chiens se sont calmés. Ils gémissent doucement et furètent dans les grandes herbes, autour de quelque chose qui reste invisible pour nous.

Robert a tôt fait de rattraper ses chiens mais, brusquement, il s'immobilise en poussant un juron.

— Bernard ! s'écrie-t-il. N'avance pas.

Il n'en faut pas plus pour que mon frère, devinant le pire, se précipite comme un fou. Je suis sur ses talons.

Ce que nous découvrons alors, presque en même temps, nous glace d'horreur : Michèle est là, allongée dans l'herbe, sur le dos, immobile. Sa poitrine est en sang.

Avec un long frisson, je me rends compte que je vois son visage pour la première fois…

8

La nuit sans fin

La nuit a été atroce. Comment raconter ?

Lorsque mon frère s'est retrouvé devant le corps sans vie de sa fille, j'ai cru qu'il allait s'effondrer. C'est d'ailleurs ce qu'il a fait, dans un premier temps. Ses amis l'ont soutenu, ont tenté de l'éloigner du cadavre…

Mais très vite, une explosion de rage d'une rare violence l'a redressé, comme sous l'effet d'une volée de coups de fouet. Il a fallu se mettre à trois pour le maîtriser.

— L'ordure ! hurlait-il. L'immonde charogne ! Laissez-moi l'exterminer ! Je vais lui faire la peau ! Lâchez-moi !…

Et puis, presque aussitôt, passant d'un extrême à l'autre, il est tombé sur les genoux en sanglotant, en proie à l'abattement le plus total.

La suite a été un véritable cauchemar. Robert et les autres amis de mon frère voulaient emmener le corps de Michèle avec eux, et j'ai dû batailler ferme pour les convaincre de ne toucher à rien.

— C'est maintenant l'affaire de la police, ai-je dit. Il ne s'agit plus d'une sombre histoire de famille. Il y a eu meurtre ! Vous vous rendez compte de ce que ça signifie ?

— Ça signifie, a dit Bernard, devenu soudain d'un calme effrayant, que les Brivault sont revenus et…

Il s'est interrompu au beau milieu de sa phrase. Blême, tremblant d'une fureur contenue à grand-peine, il me regardait sans me voir, comme si au-delà de mon enveloppe physique il entrevoyait des spectres venus d'un autre monde…

Les autres semblaient hésiter, mal à l'aise. Je les comprenais. Moi-même, on ne peut pas dire que je nageais dans la joie…

Nous aurions pu rester longtemps ainsi, démoralisés, incapables d'agir et de penser, avec ce cadavre à nos pieds et mon frère qui pouvait, d'une minute à l'autre, basculer dans une folie que plus rien ne pourrait arrêter. Et puis, tout à coup, il y a eu des lumières, des cris, un remue-ménage providentiel qui nous a sortis de ce cauchemar.

Il devait être une heure du matin. L'air de cette nuit d'été était encore tiède, seule la moiteur de mes vêtements me rappelait le récent orage. Du ciel, dégagé maintenant, la lune déversait sur nous sa lumière triste. Quatre hommes venaient d'arriver.

J'en reconnaissais deux : Daniel et Julien Brivault. Ceux-ci se tenaient à quelques pas en arrière. Daniel était livide, le visage ravagé. Instinctivement, j'ai agrippé le bras de mon frère. Robert, de son côté, a eu le même mouvement.

Les deux autres arrivants, des policiers, se tenaient devant nous et braquaient leurs lampes, alternativement sur nous et sur le corps de ma nièce.

— Vous n'avez touché à rien ? a demandé le plus âgé, tandis que son collègue s'agenouillait près du corps.

Robert a répondu que non. Puis, comme le plus jeune des policiers se relevait, en secouant la tête d'un air assez éloquent pour qu'il n'ait rien à dire de plus, le premier lui a lancé :

— Sors ton portable. Appelle l'ambulance et le légiste immédiatement. Quant à vous, messieurs, a-t-il ajouté en se retournant vers nous, j'attends vos explications.

— Explications ? a rugi Bernard en désignant d'un regard haineux Daniel et Julien. Ça ne saute donc pas aux yeux ? Depuis des jours qu'ils cherchent à nous nuire, des jours qu'ils poursuivent ma pauvre Michèle. Ça devait arriver. C'EST arrivé !

Daniel, qui venait d'apercevoir le corps sanglant de Michèle, était plus pâle qu'un mort. La fureur qui l'agitait lors de la bagarre qui l'avait opposé à mon frère avait fait place à une impassibilité figée, d'autant plus effrayante… Julien, lui, était complètement hébété.

La tension devenait insoutenable. Devinant que la catastrophe risquait de survenir à tout moment, le policier, d'une voix coupante, a ordonné à Bernard de déposer son arme. Julien et Daniel, eux, avaient les mains vides.

Quelque chose, chez le policier, me semblait familier. Je l'observais à la dérobée et il n'a pas tardé à s'en apercevoir.

Me dévisageant à son tour, il a fini par laisser tomber d'une voix lasse :

— Salut, Louis. J'aurais préféré te retrouver dans des circonstances plus agréables...

Jean-Philippe ! Jean-Philippe Comeau ! Mon meilleur ami d'autrefois. Nous avons été dans la même classe — avec Julien Brivault — pendant toute notre jeunesse. Toujours amateur de romans policiers ? Eh bien, il allait être servi !

Jean-Philippe se tenait au milieu de nous, comme une mèche allumée dans une poudrière. Si des regards pouvaient tuer quelqu'un, Julien et Daniel seraient morts sur le coup à cause de ceux que leur jetait mon frère.

Le fait que Jean-Philippe connaisse personnellement tous les protagonistes du drame ne lui rendait pas les choses faciles. Son autorité de membre d'un corps de police en souffrait. Cependant, il avait rapidement analysé la situation et pris ses décisions en conséquence.

— C'est Marie qui m'a appelé, a-t-il dit en s'adressant plus particulièrement à mon frère. Elle m'a tout raconté et je suis arrivé aussi vite que j'ai pu. J'ai entendu les coups de feu, moi aussi. En route, j'ai rencontré Julien et Daniel, et eux aussi m'ont donné leur version…

— Des mensonges ! a hurlé mon frère. Arrête-les immédiatement. Des assassins !

— Les assassins, je les arrêterai, a répondu Jean-Philippe calmement. Et ce serait plus facile si, au lieu de vous injurier, vous acceptiez de collaborer. La situation est assez confuse comme ça.

Finalement, Bernard s'est rendu à la raison, par lassitude peut-être, ou parce que la vue du corps de sa propre fille, étendu sans vie à quelques pas de lui, lui enlevait toute volonté.

Jean-Philippe, profitant du calme relatif, a continué :

— L'ambulance va bientôt arriver. Mais ce n'est pas tout. On a tiré deux coups de feu. Et Françoise, elle, n'a pas été retrouvée…

Dans cette dernière phrase, Jean-Philippe a pesé sur chaque syllabe. Dans quelle intention ? Voulait-il ainsi accuser mon frère ? Méthode assez indigne, me semblait-il, surtout dans l'horreur de la situation présente…

Ou bien, essayait-il d'insinuer que Françoise, jouant le dernier coup de cette macabre partie de poker menteur, avait elle-même supprimé son ancienne amie avant de disparaître dans la nature ?

L'hypothèse me déplaisait, me mettait mal à l'aise, plutôt. Depuis le début, cette série d'actes sordides et sanglants ne correspondait pas au profil des protagonistes. Au risque de passer pour un sexiste obtus, je ne trouvais pas ces ignominies très… féminines.

À la rigueur, on aurait pu les considérer comme des mystifications d'un goût plus que douteux. Mais ce soir, il y avait eu crime. Ce n'était plus un jeu !

Jeunes filles, amants dépités ou parents excédés me paraissaient tous, pris séparément, incapables d'avoir commis un tel geste. Et pourtant, Michèle avait été tuée d'une décharge de plomb dans la poitrine, tirée à bout portant. On ne pouvait pas accuser les esprits.

Jean-Philippe n'était pas sorti de l'auberge.

Plus tard, l'ambulance est arrivée. Ses feux clignotants faisaient un bouquet de lumière sur le pont, là-bas, jetant sur la rivière un éclairage qu'en d'autres circonstances j'aurais pu trouver féerique.

Avec les infirmiers sont aussi arrivés d'autres policiers, ainsi que des curieux qui commençaient à s'agglutiner sur le pont. Jean-Philippe a tenté de faire reculer ces spectateurs indésirables, mais en vain.

Le désordre s'installait. La confusion était totale, comme dans un ballet mal réglé de fantômes ou de pantins désarticulés. Jean-Philippe ne savait plus où donner de la tête. J'avais l'impression que tout le village était descendu près de la rivière.

Marie, elle aussi, venait d'arriver. On s'écartait devant elle en murmurant et en détournant les yeux. Elle s'est jetée sur le corps de sa fille, en larmes, et Bernard, à genoux à côté d'elle, tentait sans conviction de la relever.

Massés tout autour, dans l'herbe humide, les curieux observaient la scène d'un air sombre. Certains — se mêlant de quoi ? — avaient déjà commencé à fouiller les environs. Un peu en retrait, à la limite des arbres, Daniel et Julien contemplaient eux aussi le triste tableau.

Tous paraissaient porter des masques blafards et déformés par la haine. J'avais l'impression de me trouver à l'intérieur d'une peinture de Bruegel ou de Jérôme Bosch... Si rien ne se produisait maintenant, j'avais le sentiment que nous allions nous pétrifier une fois pour toutes dans ce paysage désolé...

Les infirmiers, dont l'un était maculé de boue parce qu'il était tombé en descendant du pont, étaient agenouillés près du cadavre pour le charger sur leur civière, lorsqu'un cri m'a sorti de ma torpeur.

Toutes les têtes se sont retournées vers l'aval de la rivière

— Par ici, j'aperçois quelque chose ! a repris la voix. Venez m'aider !

Jean-Philippe, se lançant dans la direction de l'appel, braquait sa lampe vers les hautes herbes. Heureux de pouvoir bouger un peu, je me suis élancé derrière lui, suivi par une partie de la foule. Mouvement de masse, mouvement d'imbéciles avides de spectacle, me disais-je tout en continuant d'avancer.

Honteux, mécontent de moi-même, je suis arrivé, à la suite de Jean-Philippe, à un endroit de la berge tout proche, envahi par les joncs et surplombé par un grand arbre penché au-dessus de l'eau.

Il y avait là un attroupement fébrile. Un homme, reconnaissant Jean-Philippe Comeau, lui a fait signe.

— Là, criait-il en désignant du doigt un amoncellement de racines émergeant de l'eau.

Braquant son faisceau lumineux dans la direction indiquée, Jean-Philippe a alors éclairé un long objet pris dans les racines. Un fusil de chasse !

Un volontaire s'est précipité et, grâce à quelques acrobaties, il a ramené l'objet à terre et l'a remis au policier.

— Quelqu'un reconnaît cette arme ? a demandé celui-ci.

Ce genre de question, à la campagne, donne rarement lieu à une réponse, même si celle-ci est connue de tout le monde. Manie du secret du monde paysan…

Pourtant, Julien Brivault, qui s'était approché pour l'examiner, est soudain devenu blême. Ses lèvres tremblaient. Il n'osait pas toucher le fusil, comme s'il s'était agi d'un explosif.

— C'est… c'est le mien, a-t-il alors balbutié. C'est mon fusil…

9

L'HORREUR CONTINUE

La nuit s'est terminée dans un tumulte indescriptible.

Après la découverte du fusil de Julien, un bref silence de stupéfaction a été suivi d'un murmure hostile. Quelqu'un a même crié : « Assassin ! »

Les infirmiers, pendant ce temps, avaient entrepris de remonter le corps de Michèle sur le pont, non sans mal. Voyant que les choses risquaient de mal tourner, et non parce qu'il cédait à la pression populaire, Jean-Philippe, comme il me l'a confié plus tard, a arrêté Julien Brivault dans le but de le protéger.

L'arrestation avait ceci d'étrange, d'ailleurs, que l'arme de Julien avait été portée par Daniel, au cours de cette soirée, et non par lui-même. Mais l'heure n'était pas à l'analyse fine des événements.

Jean-Philippe avait tout simplement épargné le lynchage à son ancien camarade de classe.

Quelques instants plus tard, l'ambulance et la voiture de police sont reparties dans un concert de sirènes hurlantes, laissant sur leur faim les amateurs de justice expéditive.

Bernard et Marie, trop secoués par la mort affreuse de leur fille, se sont éclipsés, accompagnés seulement par quelques intimes. Quant à Daniel, je me suis aperçu qu'il avait disparu sans demander son reste. Je suis donc resté seul dans la nuit, seul au milieu de cette meute hurlante qu'on avait frustrée d'une pendaison...

J'ai fini par rejoindre la maison, dont Marie n'avait pas fermé la porte à clé en partant. Je me suis jeté sur mon lit tout habillé et j'ai dormi jusqu'au lever du jour. C'est mon frère et sa femme qui m'ont réveillé en rentrant.

Nous sommes maintenant assis dans la cuisine, silencieux, devant des bols de café. Leurs yeux sont rougis par la douleur et l'insomnie, leurs visages ternes et fatigués.

Bernard m'explique qu'ils ont passé la fin de la nuit à l'Institut médico-légal de Bourges, puis avec la police. Il n'y a pas eu de confrontation directe avec Julien. Bien que les soupçons pèsent sur lui, puisque c'est son fusil qui a été retrouvé près du lieu du crime, il n'y a pas eu de mandat d'arrêt émis contre lui.

Mon frère pense que ce n'est pas Julien qui a tiré, mais Daniel ; il a demandé à la police de prendre des dispositions rapides contre lui. On l'a assuré que les autorités allaient faire diligence.

— Tu parles ! conclut Bernard amèrement. En attendant, il court toujours, le Daniel. Enfin, je devrais m'en fiche, dans le fond. Ce n'est pas ça qui nous rendra Michèle…

La fureur qui animait mon frère hier soir a disparu. Je n'ai plus en face de moi qu'un homme abattu, écrasé par le chagrin, pour qui l'idée de vengeance n'est plus une priorité.

Quoi qu'il en soit, il n'y a pas grand-chose à faire, à part s'occuper des formalités pour l'enterrement. En attendant, je réussis à persuader Bernard et sa femme d'aller se reposer et, ne supportant plus de rester dans cette maison, je décide de sortir.

La campagne, je ne peux plus la voir. Je me rends donc dans le centre du bourg et vais m'installer au Café de la Chaume.

L'ambiance est un peu guindée. La patronne, me reconnaissant, me jette un regard qu'elle voudrait sans doute compatissant, mais qui n'est que maladroit.

Il est encore tôt, mais il y a plusieurs clients et les conversations vont bon train, même si le ton est certainement moins jovial que de coutume.

En prêtant l'oreille, j'apprends que les services de police ont formellement identifié l'arme du crime. Pas de surprise : il s'agit bien du fusil de Julien. Les cartouches vides n'ont même pas été éjectées après que les deux coups ont été tirés.

En revanche, un seul coup a atteint son but. Sur quoi, ou sur qui a été tiré le second ? Je me rappelle qu'un certain laps de temps s'est écoulé entre les deux détonations, hier soir. Combien exactement ? Deux minutes, trois ?…

Assez tôt dans la matinée, la police est venue chercher Daniel. Robert et d'autres amis de mon frère ont effectivement affirmé que c'était bien lui qui portait le fusil de Julien. On a mentionné son attitude agressive, sa colère, ses menaces… Le coupable idéal…

Pourquoi ce soudain empressement à témoigner, à dénoncer ? C'est que Daniel, au contraire de Julien, n'est pas du village… Étranger donc, et de ce fait doublement suspect…

Je suis écœuré. Après avoir réglé ma consommation, je sors rapidement et m'éloigne vers la rue principale, que je prends dans la direction de Bourges.

Plus loin, entre les deux ponts — celui de la rivière et celui du canal — le village forme une sorte d'étranglement. Au-delà d'une unique rangée de maisons, il n'y a plus que des prés et des friches. Juste après le deuxième pont, on débouche sur une vaste place en bordure de l'Arnon.

Il y a là une effervescence inhabituelle. Voitures de police, agents, badauds, chiens… Au milieu de cette foule, je reconnais Jean-Philippe Comeau. Je me dirige vers lui. Aussitôt qu'il m'aperçoit, mon ami s'avance vers moi et me tend la main.

— Salut, Louis, me dit-il avec un sourire amer. Mes condoléances, pour ta nièce. C'est un rude coup pour Bernard et Marie. Tu ne t'attendais pas à ça, en revenant au pays…

Non, je ne m'attendais pas à ça. Je ne m'attendais à rien du tout, en fait.

— Écoute, Louis, reprend Jean-Philippe. J'aimerais te parler. De tes livres, bien sûr. Je les ai tous lus, sais-tu ? J'espère que nous en aurons l'occasion. Une autre fois…

Pour l'instant, à propos de l'affaire qui nous occupe, je voudrais avoir ton opinion. Tu étais présent, hier soir, et ton témoignage pourrait m'être utile. Toi, au moins, tu ne baignes plus dans cette atmosphère confinée de village. Ton point de vue sera peut-être plus objectif.

— Tu me fais bien de l'honneur, mon vieux. Malheureusement, je n'ai rien noté que les autres n'aient vu également.

— Nous verrons. En attendant, nous avons besoin de quelques volontaires. Tu en es ?

— Volontaires pour quoi ?

— La fille de Julien est toujours introuvable, réplique Jean-Philippe. Peut-être s'agit-il d'une fugue, peut-être se cache-t-elle, qui sait ? Ou peut-être est-elle là...

Et, tendant le bras, Jean-Philippe désigne la rivière vers laquelle se dirigent déjà les maîtres-chiens.

— Une battue ? Tu penses que...

— Je ne sais pas quoi penser, Louis. Mais cette affaire me paraît pour le moins bizarre. L'histoire des chiens, au début, j'ai trouvé ça ridicule, grotesque. Mais les menaces de mort, hier soir, que Michèle a attachées à une pierre lancée par la fenêtre de Françoise, et puis ce crime ignoble, ça dépasse ce que j'aurais imaginé.

— Je croyais que les policiers en voyaient bien plus que les écrivains n'arrivent à en imaginer, dis-je d'un ton que je ne parviens pas à rendre ironique.

— Ce n'est pas ce que je veux dire. J'en ai vu, des choses abominables, bien sûr. Mais ici, comment dirais-je, le crime ne « cadre » pas. Daniel aurait pu tenter d'effrayer Michèle, mais il ne l'aurait pas abattue à bout portant. Quant à Françoise...

— Les filles sont capables du pire, Jean-Philippe. C'est fini, l'époque de la couture et de la messe le dimanche.

— Ne te fais pas l'avocat du diable, Louis. Tu n'y crois pas toi-même. Je connaissais Michèle aussi bien que Françoise. Deux jeunes femmes enjouées, vives, sans problèmes avoués. La violence du meurtre ne leur ressemble pas.

Ce que j'aimerais savoir, c'est la raison pour laquelle toutes les deux ont disparu de chez elles en même temps, non seulement sans prévenir personne, mais encore en se cachant.

Où sont-elles allées ? Pourquoi ? Se sont-elles rencontrées ici, près de la rivière ? C'est très plausible. On en a retrouvé une, plombée comme un lapin ! Seulement voilà, on a tiré deux coups de feu, pas un seul…

Jean-Philippe se tait et presse le pas pour rattraper les autres. En quoi puis-je lui être utile ? Apparemment, il sait déjà les mêmes choses que moi, sinon davantage. Soupçonne-t-il une personne en particulier ? Quelqu'un a appuyé sur la gâchette. Mais qui ?

Là où je ne m'aventurerais pas à parier ma chemise, c'est à propos de l'innocence des jeunes femmes. Au fond, je suis plutôt un pessimiste : je ne crois à l'innocence de personne. On a vu des actes horribles commis par des adolescents, par des enfants même… Et aussi par de charmantes grands-mères, je pourrais en parler !…*

Bon, je ne vais pas faire de leçon à Jean-Philippe sur les mystères de la nature humaine. Je suis écrivain, d'accord, mais pas moraliste. Et puis, il n'a peut-être pas tort en ce qui concerne Françoise. Aucune piste n'est à négliger.

Nous cheminons un long moment sans parler. Les chiens sont en tête et avancent le nez rivé au sol, suivis par leurs maîtres.

De jour, avec un ciel dégagé et la chaleur de l'été, je me demande comment ce paysage a pu m'apparaître lugubre. C'est tout juste si je reconnais les lieux où le drame s'est produit.

Nous y sommes presque. Nous venons de passer sous le pont par où je suis venu hier soir. On a fait sentir aux chiens, avant de partir, des vêtements ayant appartenu à Françoise. Ces animaux ont été dressés pour ça. Ils commencent à

* Voir *Série grise*, collection Atout policier, n° 40.

montrer une certaine excitation. Ils relèvent le nez, aboient, tirent sur leur laisse.

Toujours à leur suite, nous parvenons à l'endroit où le corps de Michèle a été retrouvé cette nuit. L'herbe a été complètement piétinée, on dirait qu'un régiment est passé par ici en manœuvre… Je manque de trébucher sur une racine qui affleure, à demi dissimulée sous l'herbe couchée.

Les chiens tournent un instant en rond, semblent hésiter, puis ils s'élancent de nouveau le long de la berge. Je reconnais le gros arbre dont les racines retenaient le fusil de Julien.

Quelques mètres après l'arbre, les chiens s'ébrouent, grognent, aboient une fois de plus. Les policiers leur lancent des ordres. Peine perdue. On dirait que les bêtes refusent d'aller plus loin.

Alors un des hommes s'avance au bord de l'eau. La berge ici est trompeuse, on croit marcher sur l'herbe et, tout à coup, on se retrouve presque dans l'eau. Puis le policier, ayant réfléchi, revient en arrière et entreprend de grimper sur le tronc de l'arbre qui surplombe la rivière.

— Tu vois quelque chose ? lui demande Jean-Philippe.

L'autre reste muet un moment, puis il annonce :

— Il me semble. Là, sous l'eau, entre les racines. Un sac, un morceau de tissu, peut-être… Il faudrait une gaffe.

Jean-Philippe, s'accrochant aux branches basses, tente de descendre lui-même au milieu des racines noyées.

— Attention ! le prévient son collègue. C'est profond.

— Je sais, maugrée Jean-Philippe. Je connais l'endroit, j'y ai assez joué quand j'étais gamin…

Il n'en dit pas davantage. Brusquement, il s'immobilise, le regard fixe. Puis il remonte lentement sur la rive. Il est blanc comme un linge. Pas besoin de faire un dessin, j'ai compris…

Enfin il soupire en secouant la tête et murmure à son collègue :

— Il faut rappeler l'ambulance…

10

LE TÉMOIN

Daniel a été libéré dans la matinée, peu après la découverte du corps de son amie dans l'Arnon. La guerre des familles est terminée. Pour la première fois depuis des semaines, Bernard et Julien se sont parlé. Plus question, maintenant, de s'accuser mutuellement.

Les commentaires vont pourtant bon train. Parmi les hypothèses que les détectives amateurs n'ont pas manqué d'échafauder, l'une semble avoir la faveur du public.

Selon ce scénario dramatique à souhait, Françoise, après avoir reçu les menaces de Michèle, aurait décidé de se venger elle-même. Elle serait allée chercher Michèle chez elle et l'aurait entraînée vers la rivière. Là, en proie à une colère bleue, elle l'aurait exécutée à bout portant puis, consciente de l'horreur de son geste, elle se serait noyée en se jetant dans la rivière.

Cette version des événements, cependant, n'est pas sérieusement défendable. Tout d'abord, elle suppose beaucoup d'éléments invérifiables. Comment, par exemple, Françoise a-t-elle pu convaincre Michèle de la suivre en pleine nuit sur les berges de l'Arnon ?

De plus, de quelle manière Françoise s'est-elle procuré le fusil de chasse de son père, alors que Daniel l'avait entre les mains lorsque nous l'avons rencontré sur l'ancienne voie ferrée ?

Ensuite, comment une jeune femme d'une vingtaine d'années, sportive, a-t-elle pu se noyer sans s'accrocher un poids autour du cou ? On a beau avoir des idées noires, l'instinct de survie est en général le plus fort et, une fois dans l'eau, on ne pense plus qu'à une chose : en sortir.

Enfin, un détail essentiel, révélé par l'autopsie, a achevé de ruiner cette hypothèse maladroite. Avant de tomber à l'eau, Françoise a reçu un coup violent sur le front, dont elle portait encore la marque sanglante. Et la faible quantité d'eau trouvée dans ses poumons démontre que la victime n'est pas morte de noyade.

C'est donc bel et bien le fusil qui a tué deux fois. Sur sa crosse, que les spécialistes ont également examinée, on a effectivement relevé des traces de sang. Le sang de Françoise. L'assassin est donc une troisième personne… qui court toujours.

Plusieurs questions demeurent toutefois en suspens. Si le meurtrier a abattu Michèle à bout portant, c'est-à-dire sans la possibilité de manquer sa cible, puis frappé Françoise à la tête, pourquoi le deuxième coup de feu ?

Et de quelle manière le fusil de chasse de Julien a-t-il pu se retrouver entre les mains du criminel ?

En me remémorant les événements du dimanche soir, je revois bien la scène qui a opposé mon frère à Julien Brivault et à Daniel. À l'issue de la bagarre, Daniel et Julien se sont enfuis brusquement. Or, j'en mettrais ma main au feu, ils n'avaient plus en leur possession, à ce moment-là, le moindre fusil.

L'arme que tenait Daniel est tombée sur le sol dès le début de la lutte. La nuit, les fourrés, la rapidité avec laquelle l'affaire s'est déroulée, tous ces éléments portent à croire que le fusil est resté dans l'herbe épaisse ou les buissons. N'importe qui a donc pu le trouver et le ramasser après notre départ.

Je repense alors à Momo. Momo que j'ai vu surgir près de moi alors que je ne me trouvais qu'à quelques pas des cadavres. Apparemment, je suis le seul à l'avoir vu, puisque personne n'en a parlé.

Je devrais appeler Jean-Philippe pour lui faire part de cet élément crucial. La police, le village entier cherche qui a pu commettre ces deux meurtres ignobles, tous essaient de mettre un visage sur une ombre que personne n'a entrevue… sauf moi.

Cependant, j'hésite. Bien sûr, Momo se trouvait sur le lieu du crime, mais qu'est-ce que ça prouve ? Ce qui me gêne le plus, c'est que ce pauvre garçon, s'il est accusé, n'a aucun moyen de se défendre. J'aurais l'impression, en révélant sa présence près de la rivière le soir des événements, de déclencher une chasse à l'homme dans laquelle le gibier n'aurait aucune chance.

Je me rends bien compte, cependant, qu'en agissant ainsi je fais obstruction à l'enquête. Que je protège peut-être un criminel, même si celui-ci n'est pas entièrement responsable, d'un point de vue psychiatrique. Que je deviens, en somme, son complice !

Évidemment, Momo a parfaitement pu ramasser le fusil abandonné par Daniel et se rendre jusqu'à la rivière pendant que je rêvassais, assis en contrebas près du canal. Dans ce cas de figure, bien entendu, il n'y a pas eu préméditation. C'est par hasard que l'arme s'est retrouvée entre ses mains et Momo n'avait pas, au moins au départ, des intentions homicides.

Mais pourquoi, alors, s'est-il acharné avec une telle violence sur les deux jeunes femmes ? Que s'est-il passé qui a transformé cette brute pacifique en un tueur sanglant ?

Sanglant ? Une image me revient à la mémoire. La première fois que j'ai rencontré Momo, il y a deux jours, celui-ci transportait, attachés à l'extrémité d'une ficelle, deux rats morts. Morts de quoi ?

Momo avait-il ramassé près de la rivière les deux cadavres d'animaux, ou bien les avait-il tués lui-même, et pour quelle raison ? Par jeu, peut-être…

Ce qui me frappe, maintenant, c'est le rapport entre deux images qui me viennent tout à coup à l'esprit : les rats de Momo se balançant au bout de leur ficelle, et le premier chien de Michèle, Pécuchet, je crois, pendu à une branche de châtaignier…

Je ne sais malheureusement pas comment interpréter ce rapprochement. La pendaison du chien était signée et Momo est hors de cause. À moins que…

Un autre détail me revient, maintenant. Marie a parlé, hier, de cette manie qu'a Momo de semer partout divers objets qu'il dérobe sur les rebords de fenêtres ou les cordes à linge. Se pourrait-il que Momo lui-même…

Mais pourquoi, encore une fois ? Momo, risée habituelle du village, a-t-il essuyé également des moqueries de la part de Michèle et Françoise ? A-t-il voulu se venger sur elles de cette dérision générale dont il est l'objet ?

Non. Ça n'expliquerait pas la tension qui régnait entre les deux victimes depuis quelques semaines. Et puis, il y a eu cette deuxième ombre, aussi, que j'ai entrevue quelques instants après la fuite de Momo. Hallucination ? Je ne crois pas.

La présence de cet inconnu dans l'ombre au moment et sur le lieu des crimes devrait suffire à innocenter Momo. À condition, bien sûr, de pouvoir lui donner un visage…

Cette histoire m'empoisonne le sang, me désagrège le cerveau. De quoi est-ce que je me mêle, après tout ? Garder pour moi des indices primordiaux ! Tout ça pour mener ma petite enquête, pour jouer les Sherlock Holmes ! Les Colombo, plutôt, quand je songe à mon apparence miteuse…

Tant pis. Tant pis pour Momo. Dans le fond, je ne protège personne en taisant la vérité. Je ne me protège pas moi-même, en tout cas. Au contraire, je ne fais que me tarabuster les ulcères… Je vais appeler Jean-Philippe Comeau.

Une heure plus tard, je me retrouve donc dans une salle de la mairie — il n'y a pas de bureau de police dans un village aussi petit. Jean-Philippe est assis en face de moi, à califourchon sur une chaise, comme un vrai pro. Il ne lui manque que la cigarette…

— En premier lieu, me déclare-t-il tout de go, je dois t'avouer que tout ce que tu me diras n'aura rien d'officiel. C'est un inspecteur de la Criminelle de Bourges qui est chargé de l'enquête. Néanmoins, si tu peux nous aider à coincer ce salaud…

Je ne sais pas trop par où commencer. Finalement, je décide de raconter par le menu tout ce à quoi j'ai assisté, depuis mon arrivée à Charost, samedi soir. Jean-Philippe m'écoute sans interruption, prenant des notes, hochant la tête de temps en temps, l'air fatigué.

Mais, lorsque j'en arrive à ma deuxième rencontre avec Momo, il se redresse soudain.

— Bon sang, Louis ! s'écrie-t-il. Pourquoi ne pas en avoir parlé plus tôt ! Tu es fou de taire des informations pareilles !

— Je sais, je sais, dis-je en secouant la tête. Je ne pensais pas que c'était si important. Je ne le pense toujours pas, d'ailleurs. Nous sommes en face d'un crime réfléchi, exécuté avec froideur. Momo, lui, n'est qu'un enfant, il ne réfléchit pas, justement. Je ne voulais pas avoir l'air de l'accuser...

— Là n'est pas le problème ! s'écrie Jean-Philippe. Qui te parle d'accuser qui que ce soit ? C'est le rôle de la police, pas le tien, je suis bien d'accord. Mais te rends-tu compte du temps que tu nous as fait perdre ? Si Momo se trouvait là-bas le soir du crime, peut-être a-t-il vu quelque chose ! Et c'est seulement maintenant que tu m'annonces ça !

Jean-Philippe s'est dressé, les deux poings serrés sur le dossier de sa chaise. Je sens qu'il doit faire un effort pour ne pas me la balancer à la figure.

Quant à moi, je baisse les yeux, piteux. Ah, il est beau, l'auteur de romans policiers ! Il n'en rate pas une !

Je suis tellement ratatiné sur ma chaise, tellement honteux, que Jean-Philippe se calme bientôt.

— Bon, écoute, dit-il d'une voix plus douce. Il n'est peut-être pas trop tard, après tout. Je vais aller voir Momo et tâcher de le cuisiner un peu.

Jean-Philippe quitte aussitôt la pièce et, ne sachant où aller, je lui emboîte le pas. Céline Berdin et son fils habitent à l'autre bout du village. Jean-Philippe m'invite donc à monter à bord de sa voiture.

Quelques instants plus tard, nous nous retrouvons devant une maison passablement délabrée devant laquelle est attaché un chien squelettique, qui se lève à notre approche et se met à aboyer.

— Attends-moi dans la voiture, me dit Jean-Philippe. Momo et sa mère ne te connaissent pas, tu risques de les effrayer.

Les jappements du chien ont attiré quelqu'un à la porte, qui s'ouvre à demi. Une figure rougeaude auréolée de cheveux fous apparaît dans l'embrasure. Je vois Jean-Philippe parlementer un instant, hausser les épaules, puis revenir vers la voiture. Il annonce, maussade :

— Momo n'est pas là. J'aurais pu m'en douter. Il passe ses journées à vaguer dans la campagne, rendant parfois des services à droite ou à gauche. En tout cas, sa mère ne l'a pas vu depuis ce matin.

Nous nous préparons à repartir quand, brusquement, une voiture arrivant à vive allure freine brutalement devant nous. Un gros homme en sueur, haletant, rouge comme une bouteille de ketchup, en sort comme un diable.

— Ah, monsieur Comeau, s'écrie-t-il en apercevant Jean-Philippe. Vous tombez bien ! Quelle histoire ! Nom de Dieu, quelle histoire !

Il me semble reconnaître le père Vigneron, un fermier des environs. En effet, Jean-Philippe lui demande :

— Qu'est-ce qui vous arrive, monsieur Vigneron ? On vous a volé quelque chose ?

Le vieil homme est complètement affolé et son discours est pour le moins décousu :

— Dans ma grange… non, on ne m'a rien volé… il était là pour le foin… je lui aurais donné des sous, bien sûr, n'allez pas croire… il venait travailler pour moi, quelquefois…

— Allons, calmez-vous. De qui parlez-vous et que s'est-il passé ?

— C'est Momo, déclare enfin le père Vigneron après avoir avalé sa salive. Il est mort ! Dans ma grange ! Mort comme un rat…

11

UN DEUXIÈME TÉMOIN ?

J'ai accompagné Jean-Philippe jusqu'à la ferme Vigneron. Pendant tout le trajet, il n'a pas desserré les dents. Pour ma part, je n'en menais pas large.

Comment n'avais-je pas compris que Momo, loin d'être accusé du crime si je révélais sa présence l'autre soir, près de la rivière, constituerait au contraire un témoin de première main ? Je me suis tu, et Momo en est mort…

Car, bien sûr, il ne fait pas de doute pour moi, ni pour Jean-Philippe, que la mort du simple d'esprit est liée aux événements de dimanche. Momo en savait trop, on l'a supprimé.

L'étrange attitude du père Vigneron, ses bégaiements, sa gêne, venaient de sa crainte d'être accusé d'avoir fait travailler illégalement Momo sur son exploitation, ce qui, d'ailleurs, était probablement le cas…

Jean-Philippe, cependant, ne s'est pas appesanti sur ce sujet. Sitôt arrivé à la grange où gisait encore Momo, étendu dans la paille, il a simplement constaté le décès. La couleur violacée du visage, l'écume aux commissures, la cause ne faisait aucun doute : empoisonnement.

L'autopsie devait révéler plus tard que Momo avait absorbé une forte dose de mort-aux-rats : l'arme favorite, avec le fusil de chasse, des assassins ruraux…

Avec Momo venait de s'envoler notre meilleure piste. Je sentais Jean-Philippe découragé, amer. Pourtant, il n'avait même pas l'air de m'en vouloir. En veut-on à un imbécile de sa sottise ? Un imbécile irresponsable, voilà ce que je suis. Il ne faut pas faire le malin quand on ne l'est pas…

Et je suis rentré, penaud, incapable de supporter davantage le regard de Jean-Philippe. Étrangement, la seule question qui m'obsédait maintenant — vraiment, je boirais la honte jusqu'à la lie ! — était de savoir si mon ancien camarade continuerait encore de lire mes livres !

Une fois à la maison, je me suis fait discret. Il y régnait une certaine fébrilité. Après la guerre qui les avait déchirées d'une manière aussi violente, les familles Ferdine et Brivault s'étaient réconciliées autour de leur chagrin.

Julien et Bernard avaient décidé d'organiser une chapelle ardente dans l'église du village. Les dépouilles des deux filles avaient été ramenées de l'Institut médico-légal et, en attendant l'enterrement —qui devait avoir lieu demain mardi—, elles seraient veillées en permanence par les familles et les amis.

Je pensais avec une certaine amertume que, sans ce drame horrible, les deux familles seraient peut-être restées fâchées à mort pendant des années…

Ne sachant comment me rendre utile, j'avais préféré disparaître dans ma chambre et m'allonger sur mon lit, ruminant sans cesse les mêmes idées noires sur les haines dont, apparemment, le genre humain ne peut pas se passer…

Saurait-on jamais la vérité ? La vie de village est un monde clos, impénétrable aux étrangers. La médisance y règne volontiers mais, face à quelqu'un venu de l'extérieur, on se tait. Comment l'inspecteur chargé de l'enquête, un diplômé originaire peut-être de Paris ou de Marseille, pourrait-il dénouer l'écheveau de ce mystère quasi tribal ?

Je n'ai pas bougé depuis des heures. Bernard est passé me voir. Je lui ai promis que j'irais à l'église dans la soirée. Il m'a regardé bizarrement, mais n'a rien dit.

Allongé, les yeux au plafond, j'essaie de comprendre comment une banale histoire de jalousie a pu dégénérer ainsi. Tout est allé si vite ! Ce qui me sidère, c'est la soudaineté de l'explosion de haine qui a mené les deux filles à la mort.

Ce genre de drame aurait dû se prolonger pendant des mois, des années, avec échange d'insultes, de rumeurs malveillantes. Or, selon ce que m'a raconté Marie l'autre matin, il ne s'est rien passé de particulier après la rupture de Michèle avec Daniel. Et, même quand celui-ci s'est retrouvé avec Françoise, Michèle n'a pas manifesté autre chose qu'un dépit amer.

C'est seulement durant la semaine précédant mon arrivée que l'orage a éclaté. Mais alors, quel orage ! Sabotage de freins, massacre de chiens !... Brusquement, un événement extérieur avait-il bouleversé une situation figée, mis le feu aux poudres ?

Plus j'y songe, plus je me dis qu'il manque une pièce à ce casse-tête. La pièce essentielle, celle qui permettrait enfin d'assembler les autres. Une pièce qui crève les yeux, peut-être, mais qu'on ne voit pas parce qu'elle est, justement, trop évidente.

J'essaie de reprendre dans l'ordre. Tout d'abord, deux événements pratiquement simultanés : le sabotage de la voiture de Françoise et la pendaison du chien de Michèle. Qui a commencé ?

Difficile de le savoir, d'autant plus qu'aucun de ces actes n'a pu être commis sur un coup de tête : il a fallu un minimum de préparation, de préméditation. Ensuite, c'est l'escalade : l'autre chien, la pierre lancée dans la fenêtre, avec son message de mort.

Ce qui me paraît insensé, à ce niveau, c'est que les deux protagonistes ont persisté à nier leurs actes. Pourquoi refuser de reconnaître l'évidence ? Chacune des deux filles aurait pu justifier son geste par une colère légitime, par la vengeance. Or, jusqu'au bout, Michèle, comme Françoise, a démenti toute participation à ces gestes criminels. Des gestes signés, pourtant…

Signés ! Qu'est-ce que ça veut dire ? C'est seulement maintenant que le caractère totalement artificiel, grotesque même, de ces « signatures » m'apparaît. Chaque fois, dans le moteur de la voiture comme au pied du châtaignier, on a retrouvé un objet appartenant à l'une des anciennes amies. Un objet facilement identifiable, non pas perdu mais quasiment exposé.

Oubli ? Maladresse ? C'est un peu gros, quand on y songe. Chaque affaire dénote du sang-froid, de la minutie. Il n'y avait pas de place pour l'erreur. Or, la présence de ces indices était voyante, évidente. Trop ! On aurait voulu accuser quelqu'un en les déposant à cette intention qu'on n'aurait pas procédé autrement…

Alors, j'en viens à penser que les deux jeunes femmes, dont la culpabilité n'a semblé faire de doute pour personne, ont peut-être été au contraire les victimes d'une machination longuement méditée.

D'ailleurs, s'il s'était vraiment agi d'une guerre provoquée par la jalousie, d'une sorte de duel entre deux rivales, elles ne seraient pas mortes *toutes les deux* dans la nuit du dimanche.

L'assassin, ce soir-là, était donc une troisième personne. Qui ? Celle-là même qui, la semaine précédente, avait accumulé les actes de barbarie en semant les indices destinés à faire accuser les deux filles…

Si ça se trouve, il n'y a même pas eu d'hostilité entre les deux amies. Tout, depuis le début, n'aura peut-être été qu'une série de manipulations destinées à égarer les soupçons, à désigner, avant que les crimes soient commis, les futurs coupables.

Il ne restait plus ensuite qu'à attirer dans un endroit discret — le bord de la rivière, par exemple — les deux jeunes femmes pour l'exécution finale.

Comment le meurtrier s'y est-il pris ? Il est évident que ses deux victimes le connaissaient, qu'elles ne se méfiaient pas de lui, peut-être. Je repense à cette ombre que j'ai cru voir passer devant ma fenêtre, dimanche soir, peu de temps avant qu'on ne se rende compte de la disparition de Michèle. Un familier, en tout cas…

Daniel ? Je revois sa figure atrocement calme devant le cadavre de Michèle, et la haine qui s'était emparée de lui lors de la rencontre sur le pont avec mon frère. C'est là qu'il a échappé le fusil qu'il portait avec lui.

Après la bagarre, il a eu le temps de se cacher près de la voie ferrée, puis de récupérer l'arme dans les fourrés et de courir retrouver les deux filles auxquelles, séparément, il avait donné rendez-vous au bord de l'eau. Et de les tuer, enfin, avant de rejoindre Julien et les policiers appelés par Marie.

Daniel, bien sûr ! Qui d'autre savait où se trouvait le fusil ? Qui d'autre que lui connaissait assez les deux victimes pour leur faire croire ce qu'il voulait, entretenir le mensonge pour les monter l'une contre l'autre ?

Le plus brillant, dans cet abominable complot, aura été de convaincre chacune des victimes que son amie était la véritable instigatrice. La manipulation était remarquablement montée !

Une chose est certaine : la thèse de la jalousie n'a plus sa raison d'être. Il y a autre chose en jeu, quelque chose de plus profond, de plus fort. Histoire de drogue ? Ça n'aurait rien d'étonnant. Ce fléau a envahi les campagnes les plus reculées…

L'ennui, c'est que les victimes ne peuvent plus parler, maintenant. Bon sang ! Si seulement une des deux filles, au lieu de se murer dans le silence, dans un mutisme borné de postadolescente, s'était confiée franchement à sa mère. Ou à une amie…

Une amie ? Je repense soudain à cette jeune femme que j'ai aperçue le premier soir, Pascale.

Pascale est la seule qui ait gardé des contacts avec Michèle *et* Françoise, même après la mort des chiens. Elle doit sûrement savoir quelque chose, ce qui s'est vraiment passé entre Daniel et les deux amies. Elle a dû être leur confidente.

Et tout à coup, je frissonne. Si Pascale est au courant de ce qui se tramait, ça veut dire qu'elle est en danger. Daniel n'a pas hésité à supprimer Momo, il n'hésitera pas non plus pour Pascale !

Cette fois, je ne serai pas victime de mon éternelle indécision. Momo est mort par ma faute, je peux au moins sauver Pascale.

La prévenir ? Je ne connais même pas son nom ! Il faut appeler Jean-Philippe. Je me rue sur l'annuaire, cherche le numéro de mon ami. Je téléphone.

Deux sonneries, cinq, dix... Pas de réponse ! Bien sûr ! Tout le monde est à l'église pour la cérémonie !

En courant, j'en ai pour dix minutes. J'espère que, cette fois, j'arriverai à temps !

12

La prochaine victime

Lorsque j'arrive à la porte de l'église, je suis complètement hors d'haleine. Je dois avoir l'air d'un fou...

J'attends quelques instants devant le portail pour reprendre mon souffle. Il est déjà assez tard, le soleil n'est plus qu'un gros disque rouge suspendu au-dessus des champs.

À l'intérieur de l'église, il fait encore plus sombre. À la lumière tremblotante des cierges, je distingue vaguement une foule nombreuse, immobile. Des petits groupes se sont formés, qui discutent à voix basse.

Au fond, devant l'autel, les deux cercueils ont été disposés côte à côte. Tout près, j'aperçois mon frère et Marie, ainsi que Julien et celle qui doit être sa femme. Non loin d'eux, Daniel est debout dans l'ombre d'un pilier, les bras croisés sur la poitrine, le regard fixe.

Je ne peux m'empêcher de penser à un prédateur guettant sa proie. De l'autre côté, sur la droite, je reconnais Pascale. Je respire !

Elle est seule, en retrait, légèrement voûtée. Vêtue de noir, presque invisible dans la demi-obscurité, elle ressemble à une statue de pénitente qu'on aurait oubliée près du mur. J'ignore si elle sait ce qui l'attend, mais elle n'a pas l'air d'être à la fête…

En revanche, pas moyen de localiser Jean-Philippe. Où est-il passé, l'animal ? Dois-je l'attendre, ou vaut-il mieux que j'aborde moi-même Pascale pour la prévenir du danger qui la menace ? J'hésite…

Tant pis, j'y vais. En essayant de ne pas me faire remarquer, je me glisse le long du mur, les yeux fixés au sol pour ne pas croiser le regard de quelqu'un. Je progresse lentement, passant d'un pilier à l'autre. Je ne tiens pas à ce que Daniel me voie et soupçonne quelque chose.

Alors que je suis arrivé assez près d'elle, je me rends compte que Pascale vient de m'apercevoir. Je soutiens son regard un instant, puis jette un coup d'œil en direction de Daniel.

Celui-ci remarque sans doute mon manège, car il fronce les sourcils, puis il détourne les yeux vers Pascale, qui blêmit.

Je m'immobilise immédiatement et feins de me recueillir un moment, tête baissée, yeux mi-clos. Lorsque je relève enfin la tête, après quelques secondes qui me paraissent une éternité, je constate avec stupéfaction que Pascale a disparu !

De son côté, Daniel a abandonné sa place et se dirige vers moi. Que faut-il faire ? Suivre Pascale, la protéger, ou au contraire rester ici et retenir Daniel ? Si au moins Jean-Philippe était là…

Je dois prendre une décision rapidement. Saisir Daniel par le collet ? Non, impensable. Je ne peux pas faire un esclandre pareil dans l'église. Tout d'abord, m'occuper de Pascale…

La jeune femme n'a pu sortir que par la petite porte de côté, non loin de laquelle elle se trouvait. Me faisant violence pour ne pas courir et attirer ainsi l'attention de l'assemblée, je me glisse vers la porte.

À l'extérieur, je regarde de tous côtés avant de remarquer une silhouette qui s'éloigne dans la rue. Je lui emboîte aussitôt le pas.

Pascale a-t-elle peur de moi ? Plus j'accélère, plus elle se hâte à son tour… Pas question de la perdre. Je commence à courir, mais la voilà qui file dans une rue adjacente.

Tout à coup je comprends. Ce n'est pas moi qu'elle fuit ainsi, mais Daniel ! C'est lui qui, sans doute, l'a incitée à quitter l'église en se dirigeant vers elle. Quand j'ai relevé le nez du sol, tout à l'heure, il était déjà en marche alors que je n'avais pas bougé.

Pascale a paniqué et s'est sauvée. Et maintenant, elle pense avoir le meurtrier à ses trousses…

Cette fois, je fonce. La petite rue dans laquelle elle s'est engouffrée donne, si je me souviens bien, après une courbe, sur l'ancien moulin à eau, près du canal. En continuant tout droit, je pourrai donc la rattraper.

Effectivement, après une course effrénée, je tombe sur elle au moment où elle débouche de la rue. Me voyant soudain

Vous étiez leur amie de toujours. Essayez de vous souvenir. Peut-être qu'un détail qui vous aura paru anodin se révélera lourd de sens pour un enquêteur professionnel.

Si nous savions précisément ce qui s'est passé entre Daniel et vos deux amies, le problème serait sans doute en partie résolu.

La jeune femme fronce les sourcils.

— Je ne vois pas, murmure-t-elle. À moins que…

Pascale se tait. Elle hésite, on dirait qu'elle cherche ses mots, qu'elle essaie de mettre en ordre des idées qui remontent en vrac à sa mémoire.

— À moins que… ? dis-je.

— Daniel est très possessif, très jaloux. Très intègre, aussi, d'une certaine façon. Quand Michèle a commencé ses tentatives d'intimidation et de représailles contre Françoise, il l'a plutôt mal pris. Au début, peut-être, il a cherché à les réconcilier, mais assez vite il a pris le parti de Françoise.
La situation était extrêmement tendue. D'une maison à l'autre, on ne se parlait plus. Je sentais la haine monter d'une

façon irréversible, je devinais l'imminence de la catastrophe.
Alors il y a eu cette pierre lancée dans la fenêtre, les menaces affreuses. C'était la goutte qui fait déborder le vase. Daniel est devenu fou furieux. Françoise avait disparu, mais je pense que Daniel savait où la trouver. Il savait aussi que Michèle était avec elle.
Et quand il a assisté à l'irréparable, à la mort de Françoise, je veux dire, il n'a pas pu le supporter. Il a repris son fusil et l'a vengée.

L'erreur, jusqu'ici, consistait à ne vouloir considérer qu'un seul meurtrier. Erreur commune. Or, le fait que la même arme ait servi pour les deux victimes n'implique pas qu'elle ait été maniée par la même personne.

Je vois bien la scène, maintenant. Daniel, ayant surpris les deux filles près de la rivière, a assisté à leur violente dispute. Michèle, qui avait récupéré le fusil de Julien, s'en est servi pour menacer Françoise, en tirant un coup de feu en l'air. Puis elle l'a frappée, sans avoir l'intention de la tuer. Hélas, elle l'a fait !

C'est sans doute à ce moment-là que Daniel est arrivé, d'ailleurs. Comprenant ce qui s'était passé, il a perdu tout contrôle et a supprimé Michèle.

Ensuite, il n'avait plus qu'à jeter le fusil dans la rivière — malheureusement pour lui, celui-ci était resté coincé dans les racines du gros arbre — et à rejoindre Julien, à qui il avait faussé compagnie peu après la bagarre avec mon frère.

Tout se tient. Il faut absolument trouver Jean-Philippe pour lui révéler la vérité, assurer la protection de Pascale et faire arrêter Daniel avant qu'il ne soit trop tard. Cette affaire sinistre a fait assez de victimes.

Ne sachant où emmener Pascale, je lui propose de l'accompagner chez Jean-Philippe, qui habite à l'autre bout du village. Elle ne semble pas enchantée par ma proposition. Croit-elle donc vraiment que Jean-Philippe soutient Daniel au point de mettre sa parole en doute ?

Nous marchons déjà depuis quelques minutes dans la rue principale lorsqu'une voiture s'arrête à notre hauteur. La vitre s'abaisse. C'est Jean-Philippe.

Je lui fais un signe amical, mais il me demande, d'un air soucieux et sur un ton un peu rude :

— Qu'est-ce que vous faites là, tous les deux ?

Puis, s'adressant à la jeune femme, il ajoute :

— Je reviens de chez toi, Pascale. J'aurais quelques mots à te dire.

Ce disant, il la fusille du regard. Pascale, un moment interloquée, semble soudain se décomposer et elle fond en larmes.

Je regarde Jean-Philippe sans comprendre. De quel côté est-il ?

13

LE RÉCIT DE JEAN-PHILIPPE

J'ai veillé une partie de la nuit avec Jean-Philippe. Une soirée placée sous le signe de la honte, en ce qui me concerne…

Peu de temps après notre rencontre dans la rue, l'inspecteur de Bourges, officiellement chargé de l'enquête, est arrivé et a pris Pascale en charge. Pas pour sa protection, loin de là ! Il était accompagné par deux policiers en uniforme, qui ont embarqué la jeune femme sans autre forme de procès !

J'ai tenté de m'interposer — un peu faiblement, je dois l'avouer… Puis, Jean-Philippe m'a pris par l'épaule et m'a emmené chez lui. Pendant tout le trajet, il n'a pas dit un mot. Je ne savais pas quoi penser.

— Je ne comprends pas, ai-je enfin avoué, alors que, assis dans son salon, je venais d'accepter un verre. Pascale avait besoin de protection, et vous lui tombez dessus comme si elle était une criminelle.

— Besoin de protection, je ne sais pas, a déclaré Jean-Philippe, mais d'un bon avocat, certainement.

Alors Jean-Philippe m'a raconté comment s'était déroulée sa soirée. Dans un premier temps, son raisonnement avait été le même que le mien. Les deux crimes avaient certainement été commis par quelqu'un que les victimes connaissaient bien.

Daniel, effectivement, était le suspect idéal. Mais au lieu de se laisser porter — comme moi ! — par son imagination, Jean-Philippe avait vérifié, chaque fois que possible, les déclarations et témoignages des protagonistes, en remontant au tout début de l'affaire.

Quelqu'un avait tué deux jeunes femmes à quelques minutes d'intervalle, mais cet acte sanglant n'était pas le premier. Il s'agissait d'abord d'élucider les cas de la voiture, des chiens et du caillou lancé dans la fenêtre. Pour Jean-Philippe, ces trois incidents étaient étroitement liés et c'est en eux que résidait la clé de l'énigme.

En discutant avec les deux familles, dans le courant de l'après-midi, il avait essayé de comprendre ce qui avait poussé Michèle et Françoise aux actes barbares qui avaient tout déclenché.

Or, les deux filles avaient toujours nié avoir saboté une voiture, tué des chiens ou lancé des pierres. Chacune s'était dite révoltée par les agissements de l'autre, mais chacune s'offusquait aussi qu'on puisse la croire coupable d'un tel geste. Si vengeance il y avait, celle-ci n'était donc pas ouvertement déclarée.

De plus, dans le cas de la pierre, par exemple, Michèle disposait d'un alibi puisqu'elle était restée toute la soirée chez elle, avec sa mère. Et puis, si Michèle avait vraiment signé la lettre de menaces, pourquoi aurait-elle nié ensuite l'avoir écrite ? Le message, que mon ami avait demandé à voir, était cependant bien signé Michèle.

Une chose troublait davantage Jean-Philippe. Chaque fois, l'indice dénonçant la coupable semblait avoir été placé volontairement là où on l'avait trouvé :

le bracelet sous le chien pendu, le mouchoir sous le capot de la voiture…

À ce propos, Jean-Philippe avait parlé avec Thierry, le garagiste. Celui-ci lui avait confirmé que le morceau de tissu trouvé dans le moteur, réflexion faite, ne pouvait pas être tombé là « par hasard » puisqu'il était solidement coincé entre deux pièces. Il avait donc été placé là exprès !

Tout s'était passé comme si « on » avait semé ces indices à dessein, dans le but de faire accuser quelqu'un d'autre. Mais qui était ce « on », et pour quelle raison ?

Le mobile, en fait, était le grand absent de ce mystère. En revanche, Jean-Philippe avait acquis la conviction que non seulement Michèle et Françoise étaient innocentes des macabres mises en scène qui paraissaient les accuser, mais que celles-ci étaient l'œuvre du troisième personnage, celui qui, finalement, les avait assassinées.

Daniel, à ses yeux, était tout à fait hors de cause. Si, le matin même, il avait été arrêté pour être interrogé, c'est parce que l'inspecteur n'avait personne d'autre sous la main et qu'il fallait bien calmer les esprits.

Cependant, entre le moment où Jean-Philippe avait entendu les deux coups de feu —alors que, averti par Marie, il se dirigeait vers la rivière où on lui avait signalé la présence d'hommes en armes—, et celui où il avait rencontré Julien et Daniel, juste après la bagarre, il avait été matériellement impossible à ce dernier de couvrir la distance qui le séparait du lieu du crime. Ainsi, Daniel n'avait pas pu tirer sur Michèle!

Il fallait donc chercher le coupable ailleurs. Identifier l'ombre que j'avais aperçue avant d'être rejoint par Bernard, malheureusement, était impossible. Le seul autre témoin potentiel était Momo, qui ne pouvait plus dire ce qu'il avait vu...

Jean-Philippe s'était alors souvenu d'un autre détail, que j'avais mentionné dans la matinée, lors de notre entretien à la mairie. Peu avant que mon frère, fou de rage, ne sorte de chez lui, avec son fusil, j'avais entendu des pas dans le jardin, juste sous ma fenêtre. Il était donc allé fouiner de ce côté.

Effectivement, il avait relevé au pied du mur de vagues traces de pas dans la terre, qui se dirigeaient vers la fenêtre de la chambre de Michèle. Des pas assez menus. Féminins… Or, qui était allé prévenir Bernard des prétendues intentions meurtrières de Daniel, quelques instants plus tôt ? Pascale.

Pourquoi Pascale était-elle passée par derrière, discrètement, avant de se présenter à la porte principale ? Une seule raison possible : la jeune femme, avant d'entrer dans la maison, avait voulu voir Michèle sans témoin. Elle était donc venue cogner à sa fenêtre.

Que Pascale ait voulu parler à son amie n'avait rien d'étonnant, bien sûr. Mais que lui avait-elle dit pour que, la minute suivante, Michèle disparaisse sans avertir personne, par la fenêtre elle aussi ?

D'un seul coup, Pascale sortait de l'ombre et Jean-Philippe, reprenant le dossier, comprenait enfin que cette jeune femme effacée, timide, discrète, était en fait omniprésente depuis le début de cette affaire.

Qui, par exemple, avait signalé aux Ferdine, le samedi soir, peu avant mon arrivée, que Françoise se promenait dans le quartier avec un « gros paquet » sur les bras ? Encore Pascale.

L'ombre de Pascale apparaissait, furtive, à l'arrière-plan, partout où les scènes de vengeance éclataient. Cette silhouette, près de l'endroit où j'avais aperçu Momo pour la dernière fois ?...

Pour en avoir le cœur net, Jean-Philippe s'était rendu chez elle, pendant que les familles étaient réunies à l'église. Ce qu'il avait fait n'était pas très réglementaire, mais il avait pénétré dans la maison par une fenêtre et fouillé la buanderie.

Il n'avait pas trouvé les chaussures maculées de boue qu'il cherchait — elles avaient sans doute été nettoyées —, mais en revanche, il était tombé sur une véritable pièce à conviction : une veste légère appartenant à Pascale, dont les poches contenaient encore quelques brins de paille. Cette même paille dans laquelle le cadavre de Momo avait été découvert !...

Plus de doute ! C'est bien Pascale qui avait tout manigancé et, sachant qu'elle avait été vue par Momo le soir du crime, elle l'avait supprimé. Jean-Philippe en savait assez. Il avait tout remis en ordre, était ressorti et avait appelé son supérieur à Bourges.

Son récit terminé, Jean-Philippe, les traits tirés, s'est abîmé dans une sombre réflexion.

— Rien n'est encore joué, cependant, a-t-il conclu après un long silence. Cette fille est redoutable. Quand je vois comment elle t'a entortillé ! Tu étais prêt à lui donner le bon Dieu sans confession, hein ?

Que pouvais-je répondre ? Je m'étais fait avoir comme un débutant par une jeune femme qui avait su jouer de son air de martyre, de son allure pitoyable. Et moi, le fin analyste des situations compliquées, j'avais plongé tête la première dans le roman qu'elle m'avait inventé.

Ce n'est que maintenant que je comprends son attitude, ses mimiques. Lorsque je l'avais rattrapée, à la sortie de l'église, elle avait eu peur de moi et avait failli craquer.

Et moi, comme un imbécile, je lui apportais sur un plateau un faux coupable. Elle n'avait eu qu'à broder sur ce scénario accablant pour Daniel, et accentuer son côté victime. Pour ma part, il n'y a pas de quoi se vanter…

Que s'est-il donc passé réellement, et pourquoi Pascale a-t-elle provoqué un tel déchaînement de violence, je n'ose faire aucune conjecture, de peur de dire encore des absurdités.

Jean-Philippe, lui, paraît très fatigué. Il n'a probablement pas dormi de la nuit. Il a toutefois la délicatesse de ne pas m'accabler de sarcasmes.

Je n'ai plus qu'une chose à faire : aller me coucher.

14

VENGEANCES

Pascale a avoué, bien sûr. Elle s'est effondrée et a tout confessé dans la nuit même. Une criminelle redoutable, une calculatrice froide et impitoyable ?

Non. Une pauvre fille. Son cas sera sans doute examiné autant par les psychiatres que par les policiers. Folle ? Pas vraiment non plus, ce n'est pas ce que je veux dire.

Son histoire n'a rien eu d'extraordinaire. Elle a le profil de l'éternelle seconde, de l'admiratrice béate et un peu collante qui s'intéresse aux aventures amoureuses des autres sans jamais y participer, qu'on appelle quand on a besoin d'elle et qu'on laisse tomber ensuite… Personnalité fade, physique quelconque, scolarité moyenne, tout en elle était placé sous le signe de la médiocrité. Pascale, qui se croyait laide et bête, ne vivait que par l'attention que pouvaient lui accorder ses rares amies.

Françoise et Michèle, qu'elle suivait comme un petit chien, faisaient pour elle — sans s'en rendre compte ! — la pluie et le beau temps. S'intéressaient-elles à Pascale, et Pascale rayonnait. Oubliaient-elles de lui dire bonjour, Pascale déprimait pendant des jours.

Pour Michèle et Françoise, elle avait sans doute été une amie désintéressée, un peu ennuyeuse parfois, mais toujours prête à rendre service ou à écouter leurs confidences.

Pascale avait ainsi vécu des années à l'ombre de ses deux grandes amies, rêvant sans doute d'un destin plus reluisant, mais incapable de s'en donner les moyens. Cela aurait pu durer. Que s'était-il passé ? Quel événement avait fait basculer l'inoffensif second rôle dans le plus hallucinant cauchemar de vengeance ?

C'est l'arrivée de Daniel qui avait tout déclenché. Avec son allure d'acteur et son visage d'ange, il avait fait des ravages. Et, bien sûr, Françoise, Michèle et Pascale étaient tombées follement amoureuses de lui.

Daniel, lui, avait choisi Michèle, dont le caractère un peu romantique l'avait séduit. Françoise en avait pris son parti avec élégance, mais Pascale avait commencé à développer une violente pulsion de jalousie.

Bien sûr, comme toujours, elle avait dissimulé ses sentiments, remâchant solitairement sa rancœur tout en continuant à jouer le rôle de l'amie fidèle.

Et puis, Daniel s'était sans doute lassé du caractère un peu fantasque de Michèle et s'était rapproché de Françoise, plus enjouée. Pour Pascale, cela avait été le déclic, le summum de l'injustice : une fois de plus, la chance favorisait ses amies, les comblant à tour de rôle, mais la laissait, elle, dans le chagrin et la solitude !

Cédant brusquement au ressentiment qu'elle refoulait depuis des années, elle s'était mis en tête de punir ses amies pour leur chance insolente.

Très inventive, comme beaucoup de personnes silencieuses, elle avait imaginé de frapper chacune des deux amies d'une façon brutale, tout en faisant porter les soupçons sur l'autre : de cette façon, Françoise et Michèle ne tarderaient pas à se déchirer mutuellement, réalisant ainsi sa vengeance.

Pascale avait longtemps ruminé son projet puis, mercredi dernier, elle avait saboté la voiture de Françoise — en prenant soin d'y laisser un mouchoir qu'elle avait volé à Michèle.

Le soir même, elle tuait le chien de celle-ci et le suspendait à un arbre, n'oubliant pas de « signer » son acte en abandonnant au pied du châtaignier un bracelet subtilisé, cette fois, à Françoise.

Cependant, contrairement à ce qu'elle avait pensé, Michèle et Françoise ne s'étaient pas jetées l'une sur l'autre comme des furies. Seules leurs familles respectives semblaient se nourrir de la haine que Pascale avait fait naître.

Alors, le samedi soir, elle avait récidivé avec le deuxième chien, qu'elle avait égorgé sur le paillasson de la maison de mon frère — alors que celui-ci était allé me chercher à la gare. Quelques minutes à peine après l'accomplissement de son forfait, elle allait signaler à Michèle qu'elle venait de croiser Françoise et son mystérieux fardeau !

Pour la première fois de sa vie, Pascale se rendait compte qu'elle jouissait d'un pouvoir énorme sur ses deux amies, qu'elle pouvait les frapper dans ce qu'elles avaient de plus cher, et cette notion de toute-puissance l'avait grisée. Elle ne se lassait pas de cet instrument de vengeance effrayant qu'elle avait découvert.

Dès le lendemain, elle contrefaisait l'écriture de Michèle et rédigeait une virulente lettre de menaces dont elle enveloppait une pierre qu'elle lançait dans la fenêtre de Françoise.

Mais ce n'était pas suffisant. Elle voulait par-dessus tout assister au déchirement, à la guerre entre les deux amies. Celles-ci, bien sûr, ne comprenaient rien au déchaînement de violence gratuite qui les frappait, chacune se confiant naïvement à Pascale.

Cette dernière avait alors réussi à les persuader, l'une après l'autre et sans se faire remarquer, de se rencontrer dans un lieu discret afin de faire enfin éclater la vérité.

Pascale, avant de les rejoindre, avait pris le temps d'avertir Bernard que Daniel cherchait Michèle pour la tuer. Elle venait de tenir un discours du même genre à Julien, espérant ainsi que Daniel, qu'elle embrassait maintenant dans la même haine, serait mis à mal par la famille de Michèle.

Ayant assisté de loin à la bagarre, Pascale avait attendu que tout le monde disparaisse et avait récupéré le fusil de Julien, que Daniel avait laissé tomber dans les broussailles, avant de rejoindre Michèle et Françoise au bord de la rivière.

Pourquoi avait-elle ramassé cette arme ? Que comptait-elle en faire ? Rien, peut-être. Ce fusil n'avait sans doute été pour elle que le symbole de sa puissance, mais c'est à cause de lui que tout avait dégénéré.

Au bord de l'eau, Pascale avait retrouvé Michèle et Françoise en pleine explication. Contrairement à ses attentes, non seulement les deux anciennes amies ne se disputaient pas, mais elles semblaient avoir compris quel jeu on les avait obligées à jouer.

Elles s'étaient retournées contre Pascale qui, démasquée, s'était défendue comme une furie. C'est alors que l'accident était arrivé. Michèle s'était jetée sur elle et, dans le corps à corps, le coup était parti, lui faisant éclater la poitrine.

Françoise était restée pétrifiée d'horreur, puis réagissant, elle s'était avancée vers Pascale, la sommant de lui remettre son arme. Pascale avait refusé mais, comme Françoise avançait toujours, elle avait tiré un coup en l'air pour l'intimider.

Ce second coup de feu avait eu l'effet inverse. Sachant que maintenant, le deux-coups était inoffensif, Françoise s'était précipitée.

Faisant un moulinet avec le fusil déchargé, Pascale avait atteint son adversaire en plein front. Françoise s'était effondrée, sans vie.

Avec un effroyable sang-froid, Pascale avait traîné le corps jusqu'à l'eau, pensant que le courant l'entraînerait assez loin pour qu'on ne le découvre pas tout de suite. Puis elle avait jeté le fusil, qui portait ses empreintes, croyant que l'analyse balistique suffirait à faire accuser Daniel.

Et c'est en se sauvant, après ce double meurtre, qu'elle avait vu Momo à quelques pas de là, immobile comme une statue, manifestement terrorisé.

Dès le lendemain matin, pourvue d'une bonne ration de mort-aux-rats qu'elle avait introduite dans des friandises, elle avait retrouvé le pauvre garçon et lui avait fait ingurgiter le poison mortel.

15

Retour

Ce n'est qu'après plusieurs jours que Jean-Philippe m'a raconté tout ça. J'avais passé les vacances les plus exécrables de ma vie.

Finalement, nous n'avons pas discuté littérature, comme il se l'était promis. Les drames, j'en avais mon compte ! Dommage, pour une fois que je rencontrais un de mes lecteurs…

Le matin de mon départ, il est revenu me voir pour me souhaiter bon voyage.

— Je suis vraiment content de repartir, mon vieux, lui ai-je dit. J'en ai soupé, de ces histoires de famille, de jalousie, de crimes…

— C'est pour ça que tu es allé vivre aussi loin, au Canada ?

— Tu ne trouves pas que c'est une raison suffisante ! me suis-je exclamé.

Si au moins je pouvais aller m'installer sur une île déserte… Enfin, c'est une des raisons, oui, certainement.

— Veux-tu dire qu'au pied des Rocheuses, on ne connaît pas d'affaires comme celle-ci ? a répliqué Jean-Philippe avec un sourire un peu narquois. Qu'on y meurt de vieillesse, après une vie d'ange remplie de sucre, de musique douce et de bonnes intentions ?…

— Oh non, bien sûr ! ai-je répondu en souriant à mon tour. On assassine à Calgary autant qu'ailleurs. Les journaux locaux sont remplis d'histoires de mœurs tout aussi sordides. Seulement là-bas, on assassine en anglais, tu comprends. Alors, forcément, je ne suis pas vraiment au courant…

Cette fois, Jean-Philippe a éclaté de rire.

— J'irai voir ça un de ces jours, Louis !

Un de ces jours ? Pourquoi pas ? Calgary, dans le fond, ce n'est pas le bout du monde…

Table des matières

DU MÊME AUTEUR

Collection Atout

L'Assassin impossible

Un coup de feu, un corps dans la neige et aucune trace du tueur ! En vacances dans un chalet de ski, quatre amis sont pris au piège dans une vallée enneigée des montagnes Rocheuses. Comment résoudre une énigme quand on a si peu d'indices ?

Piège à conviction

Une excursion scolaire tourne au drame et entraîne la mort d'un élève. Zach n'est pas un élève populaire. C'est sur ce solitaire que les soupçons se portent. N'a-t-il pas été le dernier à voir Mike vivant ? Qui sait vraiment la vérité ? Les pièces à conviction deviennent un « piège à conviction ». Zach, lui-même, n'est plus sûr de rien !

Sang d'encre

Louis Ferdine est un auteur de romans policiers. En mal d'imagination, il décide de faire figurer dans son prochain roman son éditeur, qui sera réellement victime d'un odieux assassinat. Il était loin de se douter que, très vite, la réalité rejoindrait la fiction. Jusque dans ses moindres détails. Voilà qui est très inquiétant quand il s'agit d'écrire une histoire avec des meurtres en série...

Zone d'ombre

Comment une fille comme Bérénice peut-elle en arriver à assassiner quelqu'un ? se demande Zach. Trois témoins ont assisté à l'horrible événement, mais aucun d'entre eux n'a vu la même chose. Leurs trois récits forment ce roman et dans chacun, c'est l'identité du meurtrier et même celle de la victime qui diffèrent ! Que s'est-il donc vraiment passé ? Qui fera la lumière sur ces zones d'ombre ?

Série grise

Louis Ferdine, auteur bien connu de romans policiers, est invité à une soirée Meurtre et mystère par un groupe de l'âge d'or.

La soirée tourne vite au cauchemar lorsqu'une série de meurtres réels se produisent !
Ferdine, le jeune Zach et le docteur Hunter cherchent le coupable pour échapper aux soupçons.

Partie double

L'écrivain Louis Ferdine et le docteur Hunter sont aux prises avec un insaisissable imposteur. Louis Ferdine est stupéfait ! Qui donc se fait passer pour lui, à Vancouver, et dans quel but ? Ferdine essaie de le découvrir en se lançant à la poursuite de son double.

La Valise du mort

Marcus croit qu'il vient de tuer son père accidentellement. Il s'enfuit alors dans la ville de Calgary. Mais un mystérieux inconnu l'intercepte sur la route et Marcus hérite d'une valise secrète indésirable. Que contient-elle ? Il sera entraîné malgré lui dans une sombre aventure, où la mort est au rendez-vous… Un roman policier mettant en vedette le docteur Hunter et de nouveaux personnages.

Collection Caméléon

L'Idole masquée

Les parents de Sandy l'invitent à vivre une expérience extraordinaire : un périple dans le désert du Sahara à dos de dromadaire !
Avant de partir, Sandy a imaginé le voyage. Mais une fois dans le désert, la réalité est bien différente : les surprises abondent dans le territoire des hommes bleus et de la mystérieuse idole masquée !

Collection Plus

L'Araignée souriante

À l'occasion de l'Halloween, on expose à l'école d'Odilon Gagnon l'*Araignée qui sourit* du grand peintre Odilon Redon. Quand la toile disparaît mystérieusement, Odilon Gagnon devient le suspect numéro un. Odilon et son ami Oscar mènent l'enquête.

Les titres de la collection Atout

1. *L'Or de la felouque***
Yves Thériault

2. *Les Initiés de la Pointe-aux-Cageux***
Paul de Grosbois

3. *Ookpik***
Louise-Michelle Sauriol

4. *Le Secret de La Bouline**
Marie-Andrée Dufresne

5. *Alcali***
Jo Bannatyne-Cugnet

6. *Adieu, bandits !**
Suzanne Sterzi

7. *Une photo dans la valise**
Josée Ouimet

8. *Un taxi pour Taxco***
Claire Saint-Onge

9. *Le Chatouille-cœur**
Claudie Stanké

10. *L'Exil de Thourème***
Jean-Michel Lienhardt

11. *Bon anniversaire, Ben !**
Jean Little

12. *Lygaya**
Andrée-Paule Mignot

13. *Les Parallèles célestes***
Denis Côté

14. *Le Moulin de La Malemort**
Marie-Andrée Dufresne

15. *Lygaya à Québec**
Andrée-Paule Mignot

16. *Le Tunnel***
Claire Daignault

17. *L'Assassin impossible**
Laurent Chabin

18. *Secrets de guerre***
Jean-Michel Lienhardt

19. *Que le diable l'emporte !***
Contes réunis par Charlotte Guérette

20. *Piège à conviction***
Laurent Chabin

21. *La Ligne de trappe***
Michel Noël

22. *Le Moussaillon de la* **Grande-Hermine***
Josée Ouimet

23/23. *Joyeux Noël, Anna**
Jean Little

24. *Sang d'encre***
Laurent Chabin

25/25. *Fausse identité***
Norah McClintock

26. *Bonne Année, Grand Nez**
Karmen Prud'homme

27/28. *Journal d'un bon à rien***
Michel Noël

29. *Zone d'ombre***
Laurent Chabin

30. *Alexis d'Haïti***
Marie-Célie Agnant

31. ***Jordan apprenti chevalier****
Maryse Rouy

32. ***L'Orpheline de la maison Chevalier****
Josée Ouimet

33. ***La Bûche de Noël*****
Contes réunis par Charlotte Guérette

34/35. ***Cadavre au sous-sol*****
Norah McClintock

36. ***Criquette est pris*****
Les Contes du Grand-Père Sept-Heures
Marius Barbeau

37. ***L'Oiseau d'Eurémus*****
Les Contes du Grand-Père Sept-Heures
Marius Barbeau

38. ***Morvette et Poisson d'or*****
Les Contes du Grand-Père Sept-Heures
Marius Barbeau

39. ***Le Cœur sur la braise*****
Michel Noël

40. ***Série grise*****
Laurent Chabin

41. ***Nous reviendrons en Acadie !****
Andrée-Paule Mignot

42. ***La Revanche de Jordan****
Maryse Rouy

43. ***Le Secret de Marie-Victoire****
Josée Ouimet

44. ***Partie double*****
Laurent Chabin

45/46. ***Crime à Haverstock*****
Norah McClintock

47/48. ***Alexis, fils de Raphaël*****
Marie-Célie Agnant

49. ***La Treizième Carte****
Karmen Prud'homme

50. ***15, rue des Embuscades****
Claudie Stanké et Daniel M. Vincent

51. ***Tiyi, princesse d'Égypte*****
Magda Tadros

52. ***La Valise du mort*****
Laurent Chabin

53. ***L'Enquête de Nesbitt****
Jacinthe Gaulin

54. ***Le Carrousel pourpre*****
Frédérick Durand

55/56. ***Hiver indien*****
Michel Noël

57. ***La Malédiction*****
Sonia K. Laflamme

58. ***Vengeances*****
Laurent Chabin

59. ***Alex et les Cyberpirates*****
Michel Villeneuve

60. ***Jordan et la Forteresse assiégée*****
Maryse Rouy

* Lecture facile

** Lecture intermédiaire